Bericht

über die

dritte Versammlung deutscher Historiker

18. bis 21. April 1895

in Frankfurt a. M.

Bericht

über die

dritte Versammlung deutscher Historiker

18. bis 21. April 1895

in Frankfurt a. M.

Erstattet im Auftrage des geschäftsführenden Ausschusses

von

dem Bureau der Versammlung.

Leipzig,
Verlag von Duncker & Humblot.
1895.

Der folgende Bericht ist erstattet auf Grund der Protokolle und stenographischen Aufzeichnungen; benutzt sind dabei auch die Tagesberichte der Frankfurter und auswärtigen Zeitungen. Den Herren Berichterstattern haben die Auszüge ihrer Vorträge vorgelegen.

Dr. Zille.

Bericht

über die

dritte Versammlung deutscher Historiker

in Frankfurt a. M.

Mittwoch, den 17. April, abends trafen sich die Teilnehmer zur ersten Begrüßung im oberen Saale der Alemannia. Nach erfolgtem Namensaufruf durch Stadtarchivar Dr. Jung zum Zwecke einer allgemeinen Vorstellung begrüßte Dr. Heuer, Bibliothekar des Freien Deutschen Hochstifts, die Fachgenossen in launiger Ansprache, welche die Bedenken und Schwierigkeiten schilderte, mit welchen man im ersten Moment zu kämpfen hatte, als der Gedanke ausgesprochen war, die dritte Versammlung deutscher Historiker in Frankfurt a. M. abzuhalten.

Die Eröffnung der Versammlung

fand Donnerstag, den 18. April, vorm. 9 Uhr statt.

Prof. Lamprecht-Leipzig eröffnete die Sitzung als Vorsitzender des geschäftsführenden Ausschusses für die Versammlungen deutscher Historiker mit dem Wunsche für das Gedeihen der persönlichen wie sachlichen Beziehungen, welche hier angeknüpft werden würden. Bis 1846 muß heute die Erinnerung unwillkürlich zurückgehen, wo in Frankfurt zum erstenmal die deutschen Historiker zusammen mit den Philologen und Juristen als „Germanisten" sich versammelten. Die Verhandlungen vom 24. bis 26. September zeigen eine überraschende Ähnlichkeit mit der heutigen wissenschaftlichen Lage. Immer wieder erscheint der Gedanke an ein neues Zeitalter historischer Forschung, an eine große politische Betrachtung der Geschichte. Gerade so stehen wir heute in einem Bruche zwischen alter und neuer Weltanschauung und Forschung; schon jetzt zeigen sich die Anfänge des Neuen. Die Geschichte ist eben keine exakte Wissenschaft, sondern eine beschreibende, mit der Phantasie arbeitende, und eine Umwälzung der Zeit muß deshalb auch die Geschichtsschreibung umwälzen. Wir können aber auch von dem 1846er „geistigen Parlament" vieles lernen, welches mit dem politischen das gemeinsam hat, daß es gerade so unfruchtbar verlaufen ist. Der Grund dafür liegt in den Fehlern, die man begangen hat: Dahin gehört einmal ein zu starkes Hervorragen des persönlichen Elements, was entschieden zu vermeiden ist, dann aber war charakteristisch die Vermischung politischer und wissenschaftlicher Fragen. Die ersten Verhandlungen beschäftigten sich mit der Frage der staatsrechtlichen Stellung Schleswig-Holsteins, das war eine wissenschaftliche aber ebenso eine eminent politische Frage! Wir haben in dieser Richtung eine glückliche Tradition, welche uns vor Fehlern in dieser Hinsicht bewahren wird. Zum dritten beherrschte jene Germanistenversammlung ein träumerischer Idealismus, man plante unendliche Editionen, sprach vom Schutze der Deutschen im Ausland, von einem zu begründenden deutschen Schulverein, kurz man hatte eine Fülle von Ideen, die sämtlich im Sande verlaufen sind. Wir müssen daraus vor allem die Beschränkung lernen und einzelne Fragen diskutieren. Ich darf, ohne vorzugreifen, wohl mitteilen, daß in den gestrigen Ausschußsitzungen eine Reihe von Gedanken aufgenommen worden sind, in denen diese Auffassung zum Durchbruch gelangt ist. — Hierauf begrüßt Redner den Herrn Oberbürgermeister der Stadt Frankfurt als ein Stück inkarnierter Frankfurter Geschichte.

Oberbürgermeister Adickes dankt dem Ausschuß im Namen der Stadt dafür, daß er gerade Frankfurt zum Versammlungsort gewählt habe. Wenn Frankfurt auch keine Universität besitze, so wohne doch wissenschaftliches Leben hier. Besonderen Dank sei die Stadt noch schuldig für die feinsinnige Huldigung, die ihr durch den in Aussicht gestellten Vortrag von Prof. Bücher über den Finanzhaushalt der Stadt im Mittelalter erwiesen werde.

Prof. Lamprecht dankt im Namen der Versammlung dem Herrn Oberbürgermeister für seine freundlichen Worte.

Man schreitet zur Wahl des Vorsitzenden, seiner Stellvertreter und der Schriftführer.

Prof. Prutz-Königsberg schlägt vor als Vorsitzenden Prof. Heigel-München, als ersten Vicepräsidenten Gymnasialdirektor Hartwig-Frankfurt a. M., als zweiten Vicepräsidenten Archivrat Grotefend-Schwerin und als Schriftführer Archivar Warschauer-Posen, Privatdozent Fester-München, Oberlehrer Dr. Liermann-Frankfurt a. M., Oberlehrer Dr. Löhren-Frankfurt a. M.

Prof. Heigel glaubt die dialektische Gewandtheit und Schneidigkeit nicht zu besitzen, welche von einem Präsidenten verlangt werden müsse, und bittet deshalb von seiner Person abzusehen. Es herrsche vielfach die Anschauung, als ob ein Ausschußmitglied das Präsidium nicht übernehmen dürfe, dies scheine ihm ungerechtfertigt, und er schlage deshalb Prof. Stieve-München als den für den Vorsitz geeigneten Mann vor.

Prof. Stieve erklärt, bei seinem Katarrh zur Übernahme des Vorsitzes außer stande zu sein.

Prof. Lamprecht konstatiert, daß, da kein Widerspruch erfolgt, die vorgeschlagenen Herren gewählt seien.

Prof. Heigel übernimmt das Präsidium.

Es folgt die Feststellung, welche Anträge und gemeinsamen Angelegenheiten unter Umständen außer den in das Programm aufgenommenen erörtert werden sollen.

Prof. Stern-Zürich bittet, auf die Tagesordnung die Verhandlung über eine an den deutschen Reichstag zu richtende Resolution zu setzen, welche den Wortlaut hat: „Der Historikertag möge den Reichstag ersuchen, den von der Kommission angenommenen Artikeln der sogenannten Umsturzvorlage die Zustimmung zu versagen, welche geeignet sind, die kritische Beleuchtung geschichtlicher Gegenstände zu erschweren oder unmöglich zu machen. Diese Gefahr besteht in gleicher Weise für den Erforscher und Darsteller socialer, politischer und kirchenhistorischer Erscheinungen, für den Lehrer wie für den Schriftsteller. Die Versammlung deutscher Historiker, eingedenk der traurigen Erfahrungen, die ehemals dem deutschen wie so manchem anderen Volke nicht erspart geblieben sind, hält die Fassung dieser Paragraphen für zu dehnbar, als daß sie nicht Staatsanwälten zum Schaden der Freiheit wissenschaftlicher Kritik Gelegenheit zum Einschreiten geben könnte. Ebenso kann das größte Vertrauen zur Rechtsprechung die Furcht vor der Möglichkeit einer Auslegung nicht beseitigen, die dieser Freiheit, auf die Deutschland stolz ist, bedenklichen Abbruch zu thun imstande wäre." Unterstützt ist der Antrag durch die Herren Dr. Schnapper-Arndt, Dr. Ellissen, Dr. Fester und S. L. Bär.

Prof. Lamprecht wendet sich gegen den Antrag, dessen Einbringung man vorausgesehen habe. Aber der Historikertag sei nicht dazu da, um politische Diskussionen zu pflegen. Abgesehen davon, daß die meisten Anwesenden schon in anderer Weise ihrer Meinung über die Umsturzvorlage Ausdruck verliehen hätten, komme in Betracht, daß nicht nur reichsdeutsche Historiker anwesend seien, und daß man interne Angelegenheiten des Reiches nicht behandeln könne, ohne die Wirtspflicht gegen die außerdeutschen Teilnehmer zu verletzen. Redner beantragt zur Geschäftsordnung, darüber abzustimmen, ob die Diskussion des Antrags überhaupt zugelassen werden solle.

Prof. Stern legt die Motive dar, die ihn zur Einbringung seines Antrags bewogen haben. Er habe geglaubt, die Versammlung würde durch Abstimmung über seinen Antrag ihre Kompetenzen nicht überschreiten, denn es handele sich hier um eine Gefährdung wissenschaftlicher Interessen. Für die Erinnerung an die Germanistenversammlung von 1846 könne er nur dankbar sein. Allerdings habe er bisher geglaubt, daß die Mitglieder jener Versammlung den Dank der Nation verdienten, da sie allgemeine nationale Fragen behandelten. Wenn aber jene Männer geirrt haben sollten durch Hereinziehung solcher politischer Fragen, so wolle er gern mit Uhland, Waitz, den Grimms und vielen der Besten irren und denselben Fehler begehen. Dem Einwande gegenüber, daß nicht nur Reichsdeutsche anwesend seien, müsse man die höhere Interessengemeinschaft zur Verteidigung der freien Forschung betonen. Überdies läge kein Zerschneiden des Tischtuchs darin, wenn der eine oder andere sich der Abstimmung enthielte, und wer bereits seinen Protest kund gegeben habe, brauche sich jetzt nicht fernzuhalten, denn jetzt solle er nicht als Mensch und Bürger, sondern als Historiker protestieren. Des Prinzen Schönaich-Carolaths Mahnung, die Osterferien zum Einspruch zu benutzen, verdiene Beherzigung. Auch sei er gern bereit, die Aufforderung an den Reichstag aus seiner Resolution fortzulassen, sofern sich jemand daran stoße, und lediglich eine Erklärung im Anschluß an die vorhandenen Kundgebungen zu beantragen.

Prof. Stieve hält dem Redner entgegen, es handle sich darum zu verhüten, daß ein Präcedenzfall geschaffen werde. Wenn man jetzt den Gästen zumute, über deutsche politische Fragen mit zu sprechen, könne man ein anderes Mal dazu kommen, Stellung zu nehmen zu politischen Fragen, die das Ausland betreffen, etwa zur Frage des schweizerischen Referendums. Die Teilnahme an Historikerversammlungen müsse dem Angehörigen jeder politischen Richtung frei stehen, und deshalb müsse man von der Behandlung derartiger politischer Fragen Abstand nehmen.

Prof. Quidde-München betont, daß für oder gegen den Antrag heute noch gar nicht zu sprechen sei, sondern nur darüber, ob der Antrag auf die Tagesordnung am Sonnabend gesetzt werden solle. Politik wolle er ebenso wie die übrigen Herren aus den Verhandlungen entfernt wissen, aber die Umsturzvorlage berühre auch rein wissenschaftliche Interessen, und von diesem Standpunkt aus habe der Historikertag wohl damit zu thun. Um nun der Resolution jeden politischen Charakter zu nehmen, der ihr anhaften könne, wenn ein Mann von bekannter politischer Stellung sie einbringe, schlage er vor, den Ausschuß zu beauftragen, auf Grund des Sternschen Antrages eine völlig unpolitische Fassung vorzulegen, sodaß dann alle Historiker, ganz ohne Rücksicht auf den politischen Standpunkt des einzelnen, zustimmen könnten.

Generalmajor von Wetzer erklärt namens der anwesenden

Österreicher auf das bestimmteste, daß diese in eine politische Debatte nicht eintreten würden, sondern, wenn eine solche stattfinden sollte, mit Bedauern den Saal verlassen müßten.

Prof. Lamprecht konstatiert, daß der Ausschuß einig sei, daß dem Historikertag die Kompetenz, über den Antrag Stern zu beraten, nicht zukomme.

Bei der Abstimmung wird sowohl der Antrag des Prof. Stern wie der Antrag des Prof. Quidde abgelehnt.

Prof. Kaltenbrunner-Innsbruck bittet, die Verhandlung darüber auf die Tagesordnung zu setzen, wie zur **Erforschung der neueren Geschichte eine Übersicht über die Fundorte der periodischen Litteratur geschaffen werden könne.**

Der Antrag wird für Sonnabend auf die Tagesordnung gestellt.

Es folgt der Vortrag des Herrn Prof. Dr. Ludwig Oelsner-Frankfurt über Johann Friedrich Böhmer (geb. 22. April 1795).

Er findet sich gedruckt in der Frankfurter Zeitung von Dienstag, den 23. April 1895, Erstes Morgenblatt, Nr. 112.

Nach einer Pause wird eingetreten in die Beratung über die **Anlage des historischen Studiums auf der Universität.**

Der erste Berichterstatter, Prof. von Zwiedineck-Südenhorst-Graz, erklärt zunächst, daß er der Debatte über die zweckmäßigste Einrichtung des historischen Studiums vom Standpunkte des Studenten aus einige Erwägungen allgemeiner Natur vorausschicken und auf einzelne Erfordernisse desselben aufmerksam machen wolle, die vielleicht noch nicht allseitig zur vollen Anerkennung gelangt seien. Sie stehen im innigsten Zusammenhange mit dem Fortschritte unserer Wissenschaft, deren Ziele allmählich deutlicher und bestimmter zu erkennen sind, als sie es bisher waren. Er folge im wesentlichen den vortrefflichen, seinen eigenen Ansichten vollkommen entsprechenden Ausführungen Bernheims, indem er die wichtigsten Merkmale dieses Fortschrittes in Kürze hervorhebe.

Wir sind auf der **Stufe der entwickelnden genetischen Geschichte** angelangt, auf der man wissen will, „wie jede historische Erscheinung zu dem geworden ist, was sie ist und wie sie sich im Zusammenhange der Begebenheiten entwickelt hat". Es soll nicht gesagt werden, daß an der Feststellung der Begebenheiten nichts mehr zu thun übrig bleibe. Dazu wird es so bald kaum kommen; der Schatz von historischen Thatsachen, den wir anhäufen, wird vermehrt werden müssen und vermehrt werden können, solange die Quellen, aus denen er uns zufließt, nicht erschöpft sind. Den Eintritt eines Zustandes ihres völligen Versiegens haben wir aber vorläufig gewiß noch nicht ins Auge zu fassen. Trotzdem dürfen wir uns mit dem Aufsammeln der durch kritische Forschung festgestellten Begebenheiten und Thatsachen nicht begnügen, wir müssen ihre Verbindung, ihre Abhängigkeit von einander kennen lernen. Die Begebenheiten sind von den Zuständen nicht zu trennen, deshalb müssen wir durch die Betrachtung der letzteren die Eignung erlangen, die Begebenheiten in ihrer Wesenheit zu erfassen. Die Zustände aber sind einer kontinuierlichen Veränderung unterworfen; diese Veränderung muß dargestellt, ihre Ursachen müssen nachgewiesen werden. Lamprecht hat diese Forderung vor kurzem in der Besprechung von Inama-Sterneggs Deutscher Wirtschaftsgeschichte des 10. und 12. Jahrhunderts mit besonderem Nachdrucke erhoben.

„Es liegt," nach seiner Ansicht, „für jedermann, der Augen hat zu sehen, zu Tage, daß es sich auf dem historischen Gebiete nicht mehr um die Frage, wie ist es eigentlich g e w e s e n, sondern um die Frage, wie ist es g e w o r d e n, handelt. Die Zeit d e s k r i p t i v e r Geschichtschreibung wird durch eine Zeit e v o l u t i o n i s t i s c h e r Geschichtschreibung abgelöst, es handelt sich nicht um Beschreibung mehr, sondern um Entwickelung, wir stehen mitten in der Wandlung von dem einen Grundprincip der Forschung zum andern."

Die Erkenntnis von dem Zusammenhange der auf einander folgenden Erscheinungen im Leben der Menschheit war nicht unserer Zeit vorbehalten, ihr Keim liegt ja bereits in der pragmatischen Geschichte und in deren Bestreben, die Gegenwart durch die Vergangenheit zu exemplifizieren.

Der Zusammenhang konnte jedoch nicht hergestellt werden, weil die Anzahl der bekannten Thatsachen viel zu gering war und die Erscheinungen in ihrer Vereinzelung nicht richtig beurteilt werden konnten.

Nach einem Exkurse über die Stellung der dilettantischen Beschäftigung mit geschichtlichen Gegenständen zu der auf systematischer Forschung beruhenden Darstellung kommt Referent zu dem Satze, daß das Interesse an der Geschichte für den Gebildeten oder Bildung Suchenden kein anderes sei, als das des Fachmannes. Es muß immer auf dem Streben beruhen, den Zusammenhang der Begebenheiten und Zustände zu finden, die Entwickelung der Geschehnisse begreifen zu lernen. Dies muß zunächst innerhalb eines Zeitraumes von geringer Erstreckung versucht und geübt werden und bedarf der gleichmäßigen Beachtung der p o l i t i s c h e n und k u l t u r g e s c h i c h t l i c h e n Momente. I n d i e V e r e i n i g u n g d i e s e r b e i d e n R i c h t u n g e n m u ß h e u t e d a s W e s e n d e r U n i v e r s a l h i s t o r i e v e r l e g t w e r d e n, nicht in die Behandlung des Gesamtstoffes der Geschichte aller Zeiten und Völker, die auf wissenschaftlicher Grundlage nicht erreichbar ist oder mindestens ein Aufgebot von Kraft beansprucht, dessen Konzentration uns dermalen nicht möglich erscheint. Die Specialgeschichte hält die beiden Hauptgruppen der historischen Thatsachen, die politische und kulturgeschichtliche, wohl noch in den meisten Fällen auseinander, und sie thut gut daran, weil die kritische Verarbeitung des Stoffes nur bei weiser Teilung der Arbeit gedeiht; sie sucht aber mit Vorliebe auch die Kreuzungspunkte beider Richtungen auf, denn dort harren ihrer noch ungelöste Probleme, denen die Untersuchung näher rücken muß, wenn sie nicht gerade die allerauffallendsten historischen Erscheinungen unerklärt lassen will. Daß politische Entscheidungen durch wirtschaftliche Verhältnisse mit bestimmt werden, braucht heute kaum mehr bewiesen zu werden; ebenso anerkannt ist es, daß politische Ideen auf die Kunst einwirken, daß das Vorwiegen einer idealistischen oder einer materialistischen Weltanschauung Veränderungen im Völkerleben hervorruft, in denen die Eigenart der Volkscharaktere am kräftigsten zum Ausdruck kommt. Das historische Interesse kann heute ebensowenig durch den Inhalt von Gesandtschaftsberichten, durch die Darstellung der diplomatischen Beziehungen zwischen Fürsten und Staaten befriedigt werden, als durch die Aufzählung und Ausdeutung poetischer oder philosophischer Werke, durch die Beschreibung von Bauten und Bildwerken älterer Provenienz. Auch in der politischen Geschichte muß gezeigt werden, aus welchen Faktoren sich die Macht der Regierenden zusammengesetzt hat, woher sie Geld und Truppen genommen haben, worin die Verpflichtungen der ihrer Machtsphäre Unterworfenen bestanden haben; der Litterarhistoriker wünscht über den Unterrichtsgang der Dichter und Gelehrten Aufklärung zu erlangen, er will die Lebensverhältnisse kennen, aus denen sie den Antrieb zum künstlerischen Schaffen erhalten haben, und wer immer sich in die Vergangenheit vertieft, will über die gesellschaftlichen Beziehungen der Klassen Andeutungen erhalten, weil er sich ohne diese den Verkehr, die Lebensführung nicht vorstellen kann. Um diesen Anforderungen zu genügen, greift der politische Geschichtschreiber in die Geschichte der Heeresorganisation, wie in die Finanz- und Rechtsgeschichte, der Kunsthistoriker sieht sich veranlaßt, den politischen Beziehungen der Höfe nachzuforschen, der Kirchenhistoriker wird zum Sociologen.

Die Universalgeschichte aber muß zur Lösung ihrer Aufgabe allen diesen Vereinigungen und Kreuzungen der verschiedenartigsten Interessen nachgehen und deren Einwirkung auf das Seelenleben des einzelnen und der Gemeinschaften zu erforschen trachten. „Denn es ist ihre Eigenart, in jeder einzelnen Erscheinung, jedem individuellen Thun den Zusammenhang der Entwickelung zu erkennen und aus der Kenntnis dieses Zusammenhanges heraus das Einzelne wahrhaft zu begreifen" (Bernheim). Dazu gehört, daß sich die Phantasie des Historikers, angeregt durch Einzelerscheinungen mannigfaltigster Art ein Gesamtbild schafft, in dem die handelnden Personen zu vollen und ganzen Menschen ausgestaltet werden und sich plastisch von dem bis ins kleinste Detail ausgeführten Hintergrunde abheben;

dazu gehört, daß die Handlungen der historischen Persönlichkeiten aus der Charakteranlage, aus der Stärke ihrer Gefühle und Leidenschaften, aus den Reizen, welche die Umgebung auf sie ausgeübt hat, und aus dem korrigierenden Einflusse ihres Verstandes erklärt werden. Dann entstehen die Ereignisse vor unseren Augen, dann schauen wir ein fortgesetztes, ununterbrochenes Werden und Vergehen, ein Wachsen und Sinken, ein werdendes Sein.

Aus einer Reihe von Beispielen sucht der Referent nachzuweisen, daß das Grundelement richtiger Vorstellungen die Vergleichung, die fortgesetzte Beziehung des Gewordenen mit dem Gewesenen sei; denn wir haben uns nicht nur die Gegenwart aus der Vergangenheit zu erklären, die Gegenwart muß uns auch den Maßstab für die unserer Anschauung entrückten Erscheinungen bieten.

Die Wechselwirkung, in der die historische Erkenntnis mit der Beobachtung der modernen Staatseinrichtungen steht, kann beim historischen Studium nicht unberücksichtigt bleiben. Sie übt ja ihre Wirkungen auch auf die politische Theorie, die ebensowenig als die Darstellung des öffentlichen und privaten Rechtes der Geschichte entbehren kann. Diese muß den Einblick in die Verhältnisse schaffen, die zu ordnen Recht und Verwaltung berufen waren und sind.

Je weniger die Mittelschule in die Lage versetzt ist, diese Beziehungen herzustellen, desto wichtiger ist es, daß das historische Studium auf der Universität vor allem die Unvollständigkeit der mitgebrachten Kenntnisse in der angedeuteten Richtung beseitige, daß in dasselbe die Betrachtung jener Elemente des öffentlichen Lebens und jener psychologischen Erscheinungen am Menschen aufgenommen werde, die auf den Vorstufen des historischen Unterrichts kaum angedeutet werden können.

Mögen die in Special-Kollegien erworbenen Kenntnisse des jungen Historikers noch so ausgedehnt sein, sie werden ihn für sich allein noch nicht zu einer wissenschaftlichen Erkenntnis leiten. Diese erhält er nur durch die genetische Geschichte, die ihn zwingt, „den innerlichen Zusammenhang und die Wechselwirkung der verschiedenen Bethätigungen des Menschen aufzusuchen". Auf dem von ihr vorgezeichneten Wege gelangt er erst zur universalhistorischen Auffassung, zu einem Blicke in das innerste Getriebe des Menschenlebens, das ja in allen Zeiten nach den gleichen Gesetzen und von ähnlichen Kräften in Bewegung gesetzt worden ist. Das Wichtigste, was durch das Studium auf der Universität zu erreichen ist, besteht darin, **daß wenigstens ein Zeitraum, und sei er noch so enge begrenzt, voll und ganz erfaßt und durchdrungen werde.** Ebenso notwendig wie die Schärfung des Urteils über die Richtigkeit der Thatsachen, die Glaubwürdigkeit der Zeugen und die Bedeutung der Denkmale ist die Erwerbung der Fähigkeit, die Ergebnisse der Specialforschung zusammenzufassen und sich aus ihnen deutliche Bilder der Vergangenheit zu schaffen. Historisch gebildet ist nur derjenige, der sich in eine zurückliegende Zeit so zu versetzen vermag, daß er die Anforderungen kennt, die sie an den Einzelnen zu stellen berechtigt war und gestellt hat. Darauf beruht alles historische Urteil und darauf der größte Gewinn, den wir überhaupt aus der Geschichte ziehen können. Denn sie ist in Wahrheit dazu berufen, die Lehrmeisterin der Menschheit zu sein, aber sie vermag ihren hohen Beruf nur dann zu erfüllen, wenn wir aus dem Zusammenhange der Begebenheiten die Gesetze abzuleiten lernen, nach denen die moralischen Kräfte der Menschheit sich bewegen.

Aus dem Gesagten glaubt Referent die Berechtigung zur Aufstellung folgender Sätze ableiten zu können, die seiner Ansicht nach bei der Anlage des historischen Studiums auf Universitäten Berücksichtigung verdienen:

I. Es gehört zu den Aufgaben des historischen Studiums auf Universitäten, daß in einem Zeitraume von beschränkter Ausdehnung die genaue Erkenntnis der in Wechselwirkung stehenden politischen und Kulturverhältnisse angestrebt wird. Innerhalb dieses Zeitraumes soll der Zusammenhang der Erscheinungen, das Werden der Ereignisse zu ergründen versucht werden, um auf diesem Wege eine wissenschaftliche, universelle Geschichtsauffassung zu erzielen.

II. Das historische Studium auf Universitäten muß mit dem Studium der politischen Anschauungen und Einrichtungen der Gegenwart verbunden sein, es empfiehlt sich daher namentlich für den Unterricht in der mittleren und neueren Geschichte, die Beziehungen zwischen der zu behandelnden Epoche und der Gegenwart herzustellen und einerseits auf die dabei hervortretenden Unterschiede aufmerksam zu machen, andererseits die Elemente klarzulegen, aus denen sich die modernen Zustände entwickelt haben.

Professor Dr. Vogt=Augsburg führte in seinem Korreferat etwa Folgendes aus: „Ich habe Ihnen aus verschiedenen Gründen keine Thesen vorlegen können und wollen. Der wichtigste derselben ist wohl der, daß die zur Diskussion stehende Frage sich noch viel zu sehr im Flusse befindet und daß aus einem lebendigen Gedankenaustausch jeder mehr lernt, als wenn man gewissermaßen auf ein paar aufgestellte Sätze sich selbst festlegt und seine Hauptaufgabe darin erblickt, sie unter allen Umständen und gegen jedermann zu verteidigen. Der deutsche Historikertag maßt sich auch nicht die Autorität an, in dem gegenwärtigen Stadium der Frage Sätze und Normen aufzustellen, sondern er will die Teilnehmer zu gegenseitiger Aussprache über einen so bedeutungsvollen Gegenstand und auch die nicht erschienenen Fachgenossen zu erneuter Prüfung anregen. Dadurch hofft er, der Sache, der Geschichtswissenschaft und dem Geschichtsunterricht einen Dienst zu leisten.

Wir brauchen heute nicht mehr den Beweis dafür zu liefern, daß die Geschichte den Rang einer Wissenschaft einnimmt. Aber die praktische Bedeutung, welche die Geschichte für die Erziehung und Bildung hat, kann nicht nachdrücklich genug immer wieder hervorgehoben werden. Gerade in einer Zeit, in welcher der Radikalismus hoch sein Haupt erhebt und mit dem Umsturz des Gewordenen droht, müssen wir den heranwachsenden Geschlechtern auf das eindringlichste die Lehre einzuprägen suchen, daß jede Gegenwart auf den Schultern der Vergangenheit steht, und ihnen Achtung einflößen vor dem großen Erbe, das in allen menschlichen Dingen die vorausgegangenen Geschlechter auf die Gegenwart gebracht haben. Diesen Zweck werden wir aber nur erreichen, wenn unser Geschichtsunterricht auf der Höhe seiner Aufgabe steht, wenn Lehrende und Lernende sich recht lebendig der Mittel und Wege bewußt werden, durch die man zu einer tiefen und klaren geschichtlichen Erkenntnis gelangen und sie weithin zu verbreiten imstande ist. Ottokar Lorenz hat in seinem Werke über die Geschichtswissenschaft auf zwei Punkte hingewiesen, welche genug zu denken geben: 1) darauf, daß nachgewiesenermaßen auf unseren deutschen Universitäten kaum mehr 10 % der Studenten geschichtliche Vorlesungen hören, und 2) daß infolgedessen die Lehrer an den höheren Lehranstalten die eigentlichen Vermittler des historischen Wissens an die breiteren Massen sind und ihnen somit eine außerordentlich ernste Aufgabe zugewiesen ist. Was den ersteren Punkt anlangt, so möchte ich mich nicht in eine Untersuchung über die Gründe dieser betrübenden Erscheinung verlieren, aber auf einen Übelstand aufmerksam machen, von dessen Behebung ich mir viel verspreche. Sollen nämlich unsere historischen Vorlesungen begeisternd, anregend und anziehend wirken, so erscheint es als ein unabweisbares Gebot, daß sie in freier Rede gehalten werden. Wer vorliest und in sein Manuskript vergraben auf dem Katheder steht, knüpft unmöglich zwischen sich und dem Hörer jenes Band der Aufmerksamkeit und der persönlichen Beziehung, wodurch der Hörende in die unmittelbarste und lebendigste Beziehung zu dem vorgetragenen Gegenstand gebracht wird. Der Stoff bleibt beim Lesen dem Hörer ebenso fremd, als wie die Empfindung, die Auffassung, die Begeisterung des Vortragenden sich ihm nicht mitteilt. Leblos und starr und kalt erscheint das Vorgetragene, welchem das lebendige Wort erst Leben einzuhauchen und sichtbare Gestalt zu geben die Macht hat. Sonst hört der Schüler die Kunde wohl, doch fehlt ihm der Glaube. Und Glauben zu erwecken in der großen Gemeinde ist doch wohl ein Ziel der Kollegien, welche das Wichtigste, der **Hauptgottesdienst** bleiben müssen im Amte des Universitätshistorikers. Wie die Predigt in der Kirche sich die Erweckung und Belehrung der Massen, ihre Erwärmung für den Glaubensinhalt in erster Linie angelegen sein lassen muß, so hat der historische Vortrag Zweck und Pflicht, den **historischen Sinn** in weiten Kreisen zu erwecken und zu fördern, die Verbindung zwischen Gegenwart und Vergangenheit herzustellen und für die in der Geschichte liegenden Wahrheiten gläubige Begeisterung zu entflammen. Aber der mündliche Vortrag des Lehrers hat auch noch eine besondere Bedeutung für diejenigen unter seinen Zuhörern, welche einmal Lehrer der Geschichte an irgend einer unserer Bildungsanstalten werden wollen. Wenn diese nicht selbst die wunderbare Wirkung des freien Vortrags an sich verspürt haben, wenn sie nicht durch das Muster und Beispiel ihres Meisters aufgemuntert sind, und es sich von vornherein zur unverletzlichen Pflicht machen, auch ihrerseits mit dem unmittelbar freien Worte sich an ihre Schüler zu wenden, so sinkt der Geschichtsunterricht auf jene tieftraurige Stufe des Vorlesens und Lesenlassens und Abhörens herab, auf der man niemals von dem Buchstaben, der tötet, und dem Kram der Jahreszahlen und sonstiger Äußerlichkeiten wegkommt, noch hineindringt in den Geist, der lebendig macht. Wenn über die Erfolglosigkeit des Geschichtsunterrichtes so laute und berechtigte Klagen erhoben werden, wie sie jedem von Ihnen nicht unbekannt sind, so liegt hier einer der hauptsächlichsten wunden Punkte, welchen aufzudecken ich mich für verpflichtet halte. Nach meiner Erfahrung wird durch die eben angezeigte Manier die Liebe und Freude an der Geschichte in den jugendlichen, nach frischer Geistesnahrung begierigen Herzen so gründlich ausgetilgt, daß viele der Widerwille, den sie aufgenommen haben, auch auf die Universitäten und weiter hinein in das Leben begleitet. Es wäre für mich eine Genugthuung, wenn die Angelegenheit, die ich hier angeregt habe, und die mir eine wahre Herzensangelegenheit ist, Ihrer Würdigung sich erfreuen dürfte und weit hinaus Beherzigung fände.

Neben der Hauptsache, den Vorträgen, hat sich das Lehramt der Geschichte auf den Hochschulen mit der Heranbildung von Historikern, sei es nun, daß diese in erster Linie Forscher oder zunächst Lehrer werden wollen, zu befassen. Diese Aufgabe kann nur in Seminarien gelöst werden. Dieser Gegenstand hat schon den ersten Historikertag beschäftigt, auf welchem der uns leider so schnell entrissene Leipziger Freund Arndt die Diskussion mit einem kenntnis- und erfahrungsreichen Referate eingeleitet hat. Der Historiker, gleichviel ob Forscher oder Lehrer, soll vor allem auf der Universität angehalten werden, in die Kenntnis der wichtigsten Quellen einzudringen. In dem Interpretationsseminar, wie ich diese Art Schule nennen möchte und von dem ich wünsche, daß ihm ein sehr breiter Raum eingeräumt und die größte Sorgfalt auch in Beziehung auf die Zeitausdehnung zugewendet werde, muß durch den Verkehr von Lehrer und Schüler nicht bloß die eigene Kenntnis der unmittelbaren Quellen als ein Haupterfordernis für den Historiker zur Überzeugung gebracht, sondern auch die Einführung in die historische Methodik, bezüglich deren wir auf das klassische Werk Bernheims verweisen, bewerkstelligt werden.

Dieser auf die Quellenlitteratur sich erstreckende Überblick erscheint mir als ein Haupterfordernis des historischen Unterrichts, und in ihm sehe ich ein vorzügliches Mittel vor jener frühreifen und frühzeitigen Jagd nach dem Specialismus zu bewahren, der auf unserem Gebiet als durchaus unhistorisch bezeichnet werden muß, weil er ohne rechten Zusammenhang mit dem Vorangehenden und Folgenden kurzsichtig macht und die Nährmutter einer verblendeten Einseitigkeit wird. Glauben Sie aber ja nicht, daß ich etwa ein Gegner jener seminaristischen Thätigkeit bin, welche den Studierenden zur Erforschung einer speciellen historischen Aufgabe anleiten will. Im Gegenteil, derjenige, welcher sich niemals mit einer historischen Arbeit versucht hat, ist kein Historiker und hat auch kein Recht, ein Geschichtslehrer zu sein, sei es auf welcher Unterrichtsstufe es immer wolle. Nur soll dieses Arbeiten, das demjenigen des Physikers oder Chemikers im Laboratorium gleicht, nicht schon gleich an den Anfang der Studienzeit gesetzt, sondern, wenn jene allgemeine Vorbildung, von der ich vorhin sprach, bis zu einem gewissen Grade gediehen ist, allmählich vorgenommen werden.

Welcher ungeheuer vielseitigen **Vorkenntnisse** der Historiker bedarf, soll ich das Ihnen zu sagen mich unterfangen? Indessen wird niemand leugnen, daß es dem jungen Historiker bisher an einer **Anweisung**, an einem **Programm** gefehlt hat, wonach er seinen Studiengang, redliches Bestreben vorausgesetzt, hätte einrichten können. Ich muß in dieser Beziehung das **Leipziger Programm***), das gestern Abend Lamprecht verteilt hat, als ein wahres Verdienst preisen, das sich die Leipziger Herren um die Förderung des Geschichtsstudiums erworben haben. Danach weiß der Student doch wie und wo. Man kann vielleicht einwenden, daß die Durchführung dieses Studiengangs nur auf einer **größeren**, mit so reichen Mitteln und Lehrkräften versehenen Universität, wie der Leipziger Hochschule, möglich ist; ich will mich darauf gar nicht einlassen, weil es in erster Linie für uns vielmehr darauf ankommt, einmal klar und deutlich auszusprechen, welches Rüstzeug, welche Übungsplätze das Studium der Geschichte überhaupt verlangt. Wir verlangen mit diesem Programm, daß man das **Recht der Geschichtswissenschaft in ihrem ganzen Umfange** anerkennt und sich des falschen Wahnes entschlage, als ob eine geringe specialwissenschaftliche Bildung schon hinreichend wäre, um als Historiker oder wenigstens als Geschichtslehrer auftreten zu können. In Preußen, so höre ich aus dem Kreise der mir befreundeten Universitätslehrer, sind in den letzten Jahren die Anforderungen beim historischen Examen vielfach ermäßigt worden. Ich bin überhaupt ein Gegner dieser in neuerer Zeit einreißenden Ermäßigungssucht, die darauf hinausläuft, der Mittelmäßigkeit Thür und Thor zu öffnen und unseren

---

*) Redner meint damit die „**Ratschläge für das Studium der mittleren und neueren Geschichte**", welche den Mitgliedern des historischen Seminars an der Universität Leipzig eingehändigt werden. Da die Debatte immer wieder auf dieses Schriftstück Bezug nimmt, ist es im Anhang I nebst einer Übersicht über die Kurse des Seminars abgedruckt.

studierenden Jünglingen den heiligen Ernst strenger Pflichttreue und des Strebens nach den höchsten Zielen zu vermindern. Auf diesem Wege schädigen wir Schule und Wissenschaft zugleich. Wer die bedeutenden Anforderungen, welche die historische Wissenschaft stellen muß, nicht befriedigen will oder kann, für den hat unsere Wissenschaft kein Amt und keinen Platz. In Bayern ist durch die neue Schulordnung eine Neuerung eingeführt worden, die von der bisherigen Gepflogenheit, nach der der Altphilologe, obwohl er keine historische Schulung auf der Universität durchmachte, doch der privilegierte Geschichtslehrer an den Gymnasien war, etwas abweicht. Es kann nämlich jetzt der Student nach dreijährigem alt= philologischen Studium sein zweites Examen am Ende des vierten Jahres auch aus der Geschichte machen, um Geschichts= unterricht geben zu können. Davon, daß nur derjenige, der dieses Geschichtsexamen gemacht hat, den Geschichtsunterricht zu geben berufen sei, verlautet in der Prüfungsordnung auch jetzt noch nichts. Aber selbst wenn dies der Fall wäre, so müßten wir diesen Prü= fungsmodus als verfehlt bekämpfen. Wie soll denn selbst der tüchtigste Student in einem Jahr auch nur dem Scheine nach mit alledem sich vertraut machen können, was der Historiker an speciellen Fach= kenntnissen notwendig haben muß? Und wo liegt denn das Recht dafür, daß die altklassische Philologie in diesem unproportionalen Verhältnis als ausschließliche Propädeutik für das historische Stu= dium angesehen werden darf? Gewiß bedarf der Historiker auch der sprachlichen Ausbildung; aber wenn es schon weit gefehlt ist, daß die sprachliche Ausbildung allein irgendwie genügt, so ist lediglich die Kenntnis der alten Sprachen bei weitem noch nicht hinreichend. Der deutsche Historiker bedarf vor allem einer gründlichen Kenntnis des Mittelhochdeutschen und dazu einer Kenntnis der modernen Sprachen. Diese sprachliche Vorbildung kann dem Historiker nicht erspart werden. Bei allem Respekt vor der antiken Geschichte muß aber auch im Auge behalten werden, daß nach ihr eine fast zweitausendjährige Entwickelung bis auf unsere Tage folgt, welche zu ihrem wissenschaftlichen Rechte kommen will und aus der antiken Geschichte allein heraus nicht verstanden und behoben werden kann. Der Wert, die Bedeutung und das Recht unserer Wissenschaft zwingen also die Forderung zu stellen, daß nur ein ausschließliches und eindringliches, der Geschichte und ihren Hülfswissenschaften ge= widmetes vierjähriges Studium den Anspruch auf den Namen eines Historikers und auf das Amt eines Geschichtslehrers verleiht und daß diese Forderung klar und deutlich in die Prüfungsord= nungen aller deutschen Staaten aufgenommen wird.

Es würde mich freuen, wenn Sie mir in diesem Bestreben, das Recht der Geschichtswissenschaft durchzusetzen, beistimmen würden; es würde mich ferner freuen, wenn diejenigen unserer Fach= genossen, welche aus irgend einem Grunde auf unserem Tage nicht erschienen sind, ebenfalls meiner Meinung beitreten und wir so im

gemeinsamen Zusammengehen das erlangen würden, was ich genannt habe das Recht unserer Wissenschaft."
Die Versammlung tritt hierauf in die Diskussion ein.

Prof. Prutz-Königsberg macht darauf aufmerksam, daß man auch für den Betrieb der Geschichte einen Unterschied machen müsse zwischen den großen, mit reichen Mitteln ausgestatteten Universitäten und einer Provinzialuniversität; für die ersteren erscheine ihm das „Leipziger Programm" angemessen, aber für den Unterricht an einer Universität wie Königsberg nicht. Ebenso wichtig, wie die zu Gebote stehenden Mittel, erscheinen aber die Personen der Lehrer wie der Schüler. Am besten steht es in dieser Hinsicht dort, wo eine lokale Abgeschlossenheit nicht vorhanden ist. Die Referenten haben nur von den Leuten gesprochen, die selbst Historiker werden wollen, sie fragen, wie weit eine Annäherung an das Ideal möglich sei. In der Provinz sind ganz im Gegenteil die Ziele des Amtes das Wichtige, die Frage nach den Anforderungen bei einem Examen. Redner erklärt schließlich den Gegenstand für ungeeignet zu einer in Thesen formulierten Beschlußfassung.

Prof. Brückner-Jena vermißt in dem Leipziger Programm wie in den Ausführungen der Referenten eine Definition über das Wesen des Faches, worüber die größte Unklarheit herrsche. Wichtiger als die Frage, wie es gewesen, sei die andere, wie es geworden sei, die Aufeinanderfolge sei wichtiger als die Begebenheiten. „Kulturgeschichte" sollte man definieren! Redner kenne keinen Unterschied zwischen politischer und Kulturgeschichte, man spreche darüber ohne klare Begriffe. Wichtig für den Unterricht sei dies insofern, weil der Student eine Kenntnis der politischen Wissenschaften notwendig habe. Eine Diskussion über das Wesen der Kulturgeschichte bezeichnet Redner als notwendigen Punkt für die Tagesordnung eines der nächsten Historikertage.

Prof. Finke-Münster erklärt die beiden Thesen des ersten Referenten für überflüssig. Eine Verbindung von mittelalterlicher und neuester Geschichte sei am Platze, wenn der Gegensatz oder die Parallele auf der Hand liege, jedoch sei darauf nicht zuviel Gewicht zu legen. Dem zweiten Referenten sei zuzustimmen, wenn er eine umfangreichere Kenntnis der modernen Sprachen fordere, Redner möchte aber ebenso wieder eine tiefere Kenntnis des Lateinischen verlangen. Es sei richtig, daß in der letzten Zeit der freie Vortrag nachgelassen habe, aber es frage sich, ob dies ein Nachteil zu nennen sei; in' der allgemeinen Wertschätzung stehe der freie Vortrag nicht hoch, da die Lebendigkeit des Vortrages meist nur auf Kosten der Präcision und des Inhaltes bestehen könne. Die Übung in der freien Rede solle der Student in höherem Maße bereits vom Gymnasium mitbringen. Die plastische Erfassung einer Persönlichkeit sei für den Unterricht im allgemeinen zu empfehlen, aber es stehe die Schwierigkeit entgegen, daß die meisten Personen, je tiefer man sie kennen lernt, immer weniger sympathisch erscheinen.

Ein Unterschied zwischen Haupt= und Provinzialuniversitäten sei anzuerkennen.

Dr. Kaerst=Gotha bedauert, daß auf den Historikertagen die Vertreter der alten Geschichte immer weniger zahlreich vertreten seien, und doch erscheine eine engere Verbindung der alten Geschichte und der mittleren und neuen bringend erforderlich. Und da eine reale Vereinigung bei der heutigen Arbeitsteilung nicht zu erreichen sei, so müsse man um so größeres Gewicht auf eine ideelle Vereinigung legen. Niebuhr sei von der alten Geschichte ausgegangen und Ranke auf sie zurückgekommen. In den achtziger Jahren sei von den Vertretern der Altertumswissenschaft der alten Geschichte die Berechtigung bestritten worden, aber gerade der Zusammenhang der Forschung sei Bedürfnis.

Schluß der Sitzung des Vormittags 1 Uhr.

2. Sitzung.

Donnerstag, Nachmittag 3 Uhr.

Nach Eröffnung der Versammlung verliest der Vorsitzende, Direktor Hartwig, ein eingelaufenes Begrüßungstelegramm des Herrn Professor von Ottenthal=Innsbruck.

Es folgt die Fortsetzung der Verhandlungen des Vormittags.

Prof. Vogt=Augsburg hält eine Verständigung mit Prof. Finke nicht für ausgeschlossen, obwohl er auf der Notwendigkeit des freien Vortrags bestehen bleibe. Es könne sich nicht darum handeln, einem Vortrage das Wort zu reden, der sich nicht auf die gründlichste wissenschaftliche Vorbereitung stütze. Obwohl man sich der erfahrungs= gemäßen Wahrheit nicht verschließen dürfe, daß beim freien Vor= trag manches nicht so zur Aussprache kommt wie beim Ablesen, sei dennoch an die großen und unersetzlichen Vorzüge des freien Wortes zu erinnern und daran, daß ein Skriptum auch Mängel an sich haben kann. Erschöpfend könne ein Gegenstand im Kolleg niemals behandelt werden, das sei auch nicht die Aufgabe, welche vielmehr in der durch den freien Vortrag bedingten Anregung und Begeisterung zu suchen sei. Eine wissenschaftliche Vertiefung sei Sache des Studiums an der Hand litterarischer Hülfsmittel.

Prof. von Zwiedineck=Südenhorst hält seine Thesen, die er übrigens nicht zur Abstimmung bringen wolle, nicht für so selbstverständlich, wie behauptet worden sei; die herrschenden Auf= fassungen über den Begriff der Geschichte seien doch sehr verschieden, und er sei der Ansicht, daß noch lange nicht an allen Hochschulen Geschichte derart behandelt werde, daß man in einem Zeitraume allen Verhältnissen des Lebens nachgehe.

Prof. Bachmann-Prag will den Universitätsunterricht als etwas Selbständiges und nicht, wie es in der Debatte geschehen sei, als eine Ergänzung des Gymnasialunterrichts angesehen wissen. Wenn man für den Universitätsunterricht ein Ideal brauche, so liege das in den Leipziger „Ratschlägen", ein besseres gäbe es nicht.

Prof. Böhtlingk-Karlsruhe ist ganz entgegengesetzter Meinung; das Programm kranke an einem Übermaß von allerlei, dem niemand gerecht werden könne, eine Konzentration sei mehr zu wünschen als Expansion, und übrigens vermisse er die alte Geschichte, da es nur „Ratschläge für das Studium der mittleren und neueren Geschichte" seien. Historische Darsteller würden durch ein solches Programm nie erzogen werden, Meister der Darstellung seien nur die großen Dichter gewesen, wie Shakespeare und Schiller, diese müsse man als Muster hinstellen.

Prof. Ulmann-Greifswald erkennt dem Leipziger Programm ein großes Verdienst zu, nur seien die hier niedergelegten Gedanken nicht so neu, wie man anzunehmen scheine; bei einer Enquete des preußischen Ministeriums vom Jahre 1892 sei ganz ähnliches geäußert worden. Eine allgemeine Regel für alle lasse sich nicht aufstellen, die Universität brauche vor allem zwei Arten von Vorlesungen, solche fürs große Publikum, d. h. die Studentenschaft, und solche für die Studenten des Faches.

Prof. Lamprecht-Leipzig erklärt, man könne heute nicht mehr auf ein Kolleg rechnen, welches ein größeres und ein Fachpublikum in sich vereinigt, man müsse trennen. Vielfach seien leider die Vorlesungen für ein größeres Auditorium ganz weggefallen, aber der Drang zu hören sei vorhanden, vor allem auch bei den Naturwissenschaftlern: sobald man den Entwickelungsgedanken hineinlege, hörten sie treu zu. In solchen Vorlesungen sei Gegenwart und Vergangenheit zu verknüpfen, denn Vergangenes solle das Verständnis für die Gegenwart liefern. Überall wo es sich um Unterricht handle, sei zu empfehlen, von der Gegenwart auszugehen, für die Forschung gelte das Gegenteil, sie dürfe sich so wenig wie möglich von den Zuständen und Ideen der Gegenwart beeinflussen lassen. Der Unterricht solle den historischen Sinn ausbilden, den Sinn für die Differenz der Zeiten, und dazu brauche man die Vergleiche; wer die Geschichte nur für eine Raritätenkammer halte, der besitze keinen historischen Sinn.

Die mitgeteilten Leipziger Ratschläge für das Studium der Geschichte seien kein theoretisches Programm, wie einige Redner angenommen hätten, sondern nur ein aus der Erfahrung entstandenes, dem Bedürfnis der Leipziger Studenten entsprechendes Schriftstück, welches schon anderthalb Jahr alt sei und nur das enthalte, was die akademischen Lehrer den Schülern schon vorher in Form eines Rates mitgeteilt hätten. Schließlich sei es gedruckt worden, um nicht jedem Einzelnen dasselbe sagen zu müssen und auch solchen Anfängern, die nicht unmittelbar die akademischen Lehrer aufsuchen, einen Rat zukommen zu lassen. Von der alten Geschichte sei in der Überschrift nicht die Rede, weil für diese an der Universität Leipzig ein besonderes Seminar existiere. Es sei ein Mißverständnis von Böhtlingk, wenn er meine, daß alles Aufgezählte von jedem vollständig beherrscht werden solle; es handle sich nur darum, daß sich jeder auf diesen Gebieten so viel Kenntnisse aneigne, um die Fachlitteratur kritisch beurteilen und ihre Ergebnisse für sich verwerten zu können.

Bezüglich des Gegensatzes zwischen politischer und Kulturgeschichte sei zu bemerken, daß Ranke, der zeigen wollte „wie es eigentlich gewesen", die Entwickelungsidee im modernen Sinne fern lag, wenn er auch als Schüler Hegels gewisse Entwickelungsgedanken besaß. Aber den Begriff der kulturgeschichtlichen Entwickelung habe er nicht gekannt, bei ihm seien Ursachen und Wirkungen immer dicht bei einander zu suchen, kulturgeschichtliche Entwickelungen dagegen lägen nicht an der Oberfläche und zögen sich durch die Jahrhunderte hin. Ihre Wirkung sei aber trotzdem da, und ihre Wechselwirkungen schüfen die historisch interessantesten Erscheinungen.

Gymnasialdirektor Hartwig-Frankfurt betont, daß die Zurückdrängung der alten Geschichte und der alten Sprachen im Gymnasialunterricht eine Folge der Neuorganisation sei, und es sei dies um so mehr zu bedauern, da die Neuordnung noch nicht einmal abgeschlossen sei und noch schädlichere Folgen haben werde. Aber jetzt sei nichts mehr zu thun, ein Protest hätte höchstens fünf Jahre früher etwas helfen können.

In seiner Eigenschaft als Vorsitzender resumiert dann Redner die Ergebnisse der Debatte und schließt die Verhandlungen 5 Uhr.

Nach einer Pause folgt der Vortrag des Herrn Professor Dr. Karl Bücher-Leipzig über den „Haushalt der Stadt Frankfurt im Mittelalter". Er wird in Schäffles Zeitschrift für die gesamte Staatswissenschaft gedruckt werden.

Mit der Verlesung eines Begrüßungsschreibens des Provinzial-Schulkollegiums schließt der Vorsitzende die zweite Sitzung 6¼ Uhr.

3. Sitzung.

Freitag, den 19. April, 9 Uhr vormittags.

Beratung über die Grundsätze, welche bei der Herausgabe von Aktenstücken zur neueren Geschichte zu befolgen sind.

Prof. Dr. Stieve-München ergreift das Wort zur Erläuterung und Begründung der von ihm aufgestellten und gedruckt zur Verteilung gelangten „Grundsätze, welche bei der Herausgabe von Aktenstücken zur neueren Geschichte zu befolgen sind"*).

Leitende Gesichtspunkte: 1. Eine Einigung der deutschen Gelehrten in der angedeuteten Richtung ist äußerst wünschenswert, kann jedoch weder auf dem Wege eines einheitlichen, streng durchgebildeten Systems, noch in einer jedes Bedenken ausschließenden und jeden Einzelnen völlig befriedigenden Weise, sondern nur nach Maßgabe von Zweckmäßigkeit und Erfahrung, sowie durch Aufopferung persönlicher Liebhabereien, Gewohnheiten und Meinungen erreicht werden; 2. wem die Begabung zum Herausgeben von Akten fehlt, dem können auch die besten Regeln nicht helfen; auf solche Unberufene ist daher bei der Aufstellung der Regeln nicht Rücksicht zu nehmen; 3. ebensowenig können für diese die Interessen der Sprachforschung und der Sprachgeschichte maßgebend sein, da beide Wissenszweige in zahlreichen Drucken und leicht zugänglichen Handschriften genügende Quellen für ihre Zwecke besitzen, durch buchstäblich getreue Wiedergabe der Briefe hervorragender Persönlichkeiten immerhin beträchtliche Bereicherung empfangen und durch den genauen Abdruck der anderen, höchstens in Einzelheiten durch die Mundart beeinflußten Schriftstücke weit weniger Vorteil gewännen, als für den eigentlichen Zweck der Veröffentlichung Nachteil erwüchse; 4. dem maßlosen Anwachsen der Aktenveröffentlichungen ist zu steuern; 5. Aktenveröffentlichungen sollen dem Benützer eigenes Zurückgehen

---

*) In Ausführung des Beschlusses der zweiten Versammlung deutscher Historiker zu Leipzig 1894 (vgl. Bericht über d. zweite V. d. H., Leipzig, Duncker und Humblot 1894, S. 36) hatte Professor Stieve unter Benützung des ihm von anderen Seiten gelieferten Materials „Grundsätze" bearbeitet und diese zugleich mit den Einladungen zur dritten Versammlung deutscher Historiker an die Teilnehmer der zweiten mit versenden lassen und die Bitte um Verbesserungen und Ergänzungen ausgesprochen. Es sind dem Referenten darauf eine Reihe von Äußerungen zugegangen, welche teils Anregungen zu Ergänzungen und Verbesserungen gaben, teils auf Mißverständnisse hinwiesen, denen die Grundsätze begegnen konnten. Unter den Herren Ratgebern sind insbesondere die Herren Archivare Bär in Stettin, Bailleu, Berner und Großmann in Berlin und Winckelmann in Straßburg, die Herren Professoren Bernheim in Greifswald und O. Redlich in Wien, sowie die Herren Dr. Breysig in Berlin und Dr. Ad. Wrede in Göttingen zu nennen. Auf Grund dieser Ratschläge hatte Referent die „Grundsätze" nochmals umgearbeitet und in dieser Form der Versammlung vorgelegt. Auf Grund der in der Debatte gegebenen Anregungen hat Referent dann nochmals einzelne Stellen geändert, Punkt I, V, XX, XXI, XXV.

auf die Vorlagen ersparen; 6. dem Herausgeber und dem Leser ist ihre Arbeit möglichst zu erleichtern; 7. zur Erzielung einheitlichen Verfahrens bei den Veröffentlichungen sind möglichst einfache Regeln aufzustellen; 8. diese sollen sich möglichst an die für Herausgabe mittelalterlicher Quellen geltenden Grundsätze anschließen.

I. **Aktenveröffentlichungen** zur neueren Geschichte und zwar der politischen sowohl wie der Wirtschafts- und Verwaltungsgeschichte sind nur da am Platze, wo es sich um Angelegenheiten oder Persönlichkeiten von hervorragender Bedeutung handelt, und zu deren Würdigung allseitige Kenntnis des Quellenstoffes erforderlich ist. Andernfalls genügen entweder **Darstellungen**, denen Aktenstücke als Beilagen, wichtigere Quellenstellen und die erforderlichen Nachweise als Anmerkungen, sowie Nebenergebnisse der Aktenforschung als Anhänge beigefügt werden können, oder **Bearbeitungen**, welche die wichtigen Aktenstücke im Wortlaute, den übrigen Stoff aber in verbindendem Texte und Anmerkungen mitteilen.

II. Die **Aktenveröffentlichungen** haben nur die ihrem ganzen Wortlaute nach wichtigen Aktenstücke in solchem mitzuteilen; in der Regel genügen **Auszüge**, welchen besonders belangreiche Stellen wortgetreu einzufügen sind.

III. Die **Auszüge** sollen nicht nur die in einem Aktenstücke behandelten Gegenstände aufzählen oder in Kürze bezeichnen, sondern dasselbe seinem ganzen, für die Veröffentlichung zu berücksichtigenden *) Inhalte nach und soviel wie möglich auch seiner Färbung nach wiederzugeben suchen, damit für den Benutzer ein Zurückgehen auf die Vorlage unnötig wird.

IV. Bei **Auszügen von Briefen, Instruktionen** u. dgl. ist die direkte Redeweise der Vorlage (Wir teilen bir mit u. s. w. Unser Gesandter soll S. L. melden u. s. w.) beizubehalten**).

---

*) Es ist der Wunsch geäußert worden, diese Einschränkung fallen zu lassen; dadurch würde jedoch dem die Akten für einen bestimmten Zweck bearbeitenden Herausgeber und seiner Veröffentlichung eine viel zu große Last auferlegt werden, da Instruktionen, Gesandtschaftsberichte und Zeitungsberichte oft eine Menge der verschiedenartigsten Gegenstände behandeln.

**) Diese Forderung hat ebensoviel Zustimmung wie Widerspruch erweckt. Letzterer mag oft aus der Liebe zum Hergebrachten ohne vorgängigen Versuch mit dem Neuen erwachsen. Ich gebe indes zu, daß sich auch bei Auszügen in indirekter Rede Zweideutigkeit in ausgedehntem Maße vermeiden läßt, wenn man den Briefschreiber stets mit er und alle anderen Personen mit ihren Namen oder deren Anfangsbuchstaben bezeichnet und den nicht auf den Verfasser bezüglichen Fürwörtern erläuternde Zusätze beigiebt. Sehr groß bleibt jedoch die Gefahr, daß bem Herausgeber, der die Akten vor sich hat, ein im Auszug unzweideutig erscheint, der dem Leser doch Irrtum frei läßt; sehr häufig wird ferner ein solches Verfahren einen äußerst schleppenden Satzbau verursachen, und wo mehrere Personen an mehrere schreiben, wird es einen entsetzlichen Stil erzeugen; immer aber wird es dem Leser ermüdend sein, eine Reihe solcher Sätze oder gar Auszüge hintereinander zu lesen. Bei Anwendung direkter Rede dagegen fallen nicht nur diese Mißstände fort, sondern der Auszug kann kürzer und unbedingt klar werden; er kann mit Leichtigkeit Feinheiten

V. Der Herausgeber soll womöglich den gesamten auf seinen Gegenstand bezüglichen Stoff zu sammeln und zu verwerten trachten; unter allen Umständen aber hat er die Akten, deren Bearbeitung er unternimmt, für seinen Gegenstand erschöpfend auszubeuten.

VI. Er soll die gesamte einschlägige Litteratur heranzuziehen bemüht sein.

VII. In wortgetreu mitzuteilenden Aktenstücken und Stellen ist die Interpunktion sinngemäß zu gestalten. Um bei sehr langen und verwickelten Satzbauten Verständnis und Überblick zu erleichtern, sind folgende Maßnahmen anzuwenden: 1. lange, einander gleichgeordnete Nebensätze werden durch Strichpunkte von einander getrennt; 2. ein sehr langer Vordersatz wird von seinem Nachsatz durch einen Doppelpunkt geschieden; 3. die Bindewörter und Zeitwörter, welche den Satzbau beherrschen, werden durch gesperrten Druck hervorgehoben; 4. Einschaltungen, welche den Satzbau stören oder großen Umfang besitzen, werden durch je einen Gedankenstrich vor und hinter ihnen gekennzeichnet.

VIII. Absätze können ohne weiteres zur Raumersparung oder zur Wahrung des Zusammenhanges weggelassen, bezw. dem Sinne gemäß angebracht werden. Bei sehr ausgedehnten Stücken empfiehlt sich die Einteilung in Abschnitte und die Bezeichnung dieser durch arabische Ziffern, welche in eckige Klammern [5] eingeschlossen sind.

IX. Zweifellose Schreibfehler sind ohne Bemerkung zu beseitigen; in der Vorlage erfolgte Änderungen sind nur dann, wenn sie ihres Inhaltes oder ihres Urhebers wegen Bedeutung besitzen, zu berücksichtigen; im Text ist dabei stets die endgültige Fassung anzugeben.

X. Lücken der Vorlage sind durch gebrochene Linien ------, Auslassungen des Herausgebers durch Punkte . . . . . zu bezeichnen, und ist dabei die Größe der Lücke oder Auslassung durch größere oder geringere Menge der betreffenden Zeichen anzudeuten. Die herkömmlichen Curialien (gnädigst, unterthänigst u. dgl.) können, wenn sie nicht aus besonderen Gründen beachtenswert erscheinen, ohne Bemerkung wegfallen, und bedeutungslose Tautologieen (z. B. Wir melden und berichten) dürfen stillschweigend halbiert werden.

---

der Vorlage wiedergeben, er kann mühelos zu wörtlicher Anführung auch nur weniger Worte übergehen, und er kann ohne weiteres zu erkennen geben, ob der Briefschreiber mit ich oder wir spricht und den Empfänger mit Du, Er, Ihr, Sie oder einem Titel anredet, was in der Regel von Belang ist und durch Vermerke wie Hand- oder Kanzleischreiben nicht genügend klargelegt wird. Den Einwurf, daß es schwierig sei, Auszug und wörtliche Anführung zu unterscheiden, halte ich nicht für begründet; vom 15. Jahrhundert an bis über die Mitte des 18. hinaus machen Sprache und Schreibweise eine Verwechslung unmöglich, und auch bei jüngeren Stücken dürften Anführungszeichen genügenden Schutz bieten.

XI. **Abkürzungen der Vorlagen**, deren Bedeutung keinem Zweifel unterliegt, sind ohne Vermerk aufzulösen; Ergänzungen anderer Abkürzungen sind durch [] deutlich zu machen.
XII. **Einschaltungen**, welche die Vorlage selbst in Klammern giebt*), sind durch runde Klammern (), Einschaltungen des Herausgebers und Stellen, zu welchen eine redaktionelle Bemerkung [daß sie von anderer Hand beigefügt, nachträglich gestrichen, abgeändert u. s. w. seien] nötig ist, durch eckige Klammern [] zu bezeichnen. **Unsichere Lesungen** sind durch ein eingeklammertes Fragezeichen [?], **befremdliche, aber gesicherte Ausdrücke** durch ein eingeklammertes Ausrufungszeichen [!] bemerkbar zu machen.
XIII. In **Ziffern** oder Zeichen geschrieben gewesene Stellen der Vorlagen können durch kursiven Druck gekennzeichnet werden; doch genügt es in der Regel, der Angabe des Fundortes u. s. w. den Vermerk: in, bezw. mit Ziffern beizufügen.
XIV. Die gebräuchlichen **Anrede- und Schlußformeln** sind nur in Kürze anzudeuten, falls nicht besondere Umstände ihre Mitteilung empfehlen.
XV. **Große Anfangsbuchstaben** werden bei wörtlicher Wiedergabe angewendet beim Beginn eines Satzes, bei Eigennamen, bei den Siglen für Anrede- und Titelformeln (E. Dt, V. Mté u. s. w. aber E. fl. Dt, V. Mté imp.) und in Briefen bei den auf den Angeredeten bezüglichen Fürwörtern. Bei von Eigennamen abgeleiteten Eigenschaftswörtern dürfte auch im Deutschen die Minuskel vorzuziehen sein.
XVI. **Abkürzungen** sind im Druck nur für die Anredeformeln regelmäßig zu verwenden, im übrigen aber womöglich ganz zu vermeiden und jedenfalls auf Titel und auf Wörter, welche entweder überhaupt oder in der betreffenden Veröffentlichung sehr häufig vorkommen, zu beschränken**).
XVII. Für **deutsche Aktenstücke** insbesondere gelten folgende Regeln: a) Bei eigenhändigen Briefen hervorragender Persönlichkeiten kann die **Schreibweise** der Vorlagen mit Ausnahme der Anwendung großer Anfangsbuchstaben, wofür auch hier Satz XV gilt, beibehalten werden. Im übrigen wird sie in folgender Weise vereinfacht: Es wird nichts zugesetzt, und es wird an den Helllautern nichts geändert, außer daß auf die mundartliche Aussprache bezügliche Zeichen bei letzteren weggelassen werden; jede unserer Schreibweise nicht entsprechende Häufung von Mitlautern wird jener soviel wie möglich durch Weglassung von Mitlautern genähert; wo v oder w für u stehen, wird dieses gesetzt und umgekehrt; für y tritt außer in Eigennamen und Wörtern griechischen Ursprungs immer i ein;

---

*) Über andere Einschaltungen der Vorlage vgl. Satz VII unter 4.
**) Diese Regel betrachtete ich als so selbstverständlich, daß ich sie in den früheren Entwürfen wegließ. Da jedoch dies Schweigen bei einigen Herren die Meinung erweckt hat, als wollte ich einen Druck in Abkürzungen empfehlen, so schalte ich den Satz ein.

Eigennamen werden stets der Vorlage gemäß geschrieben, wenn nicht eine bestimmte Schreibweise zweifellos gesichert ist; Wortverbindungen, welche unserer heutigen Schreibweise nicht entsprechen, sind aufzulösen, dagegen getrennte Wörter, welche bei uns als zusammengesetztes Wort erscheinen, zu verbinden. b) Die Siglen für Titel und Anreden werden in der Weise gebildet, daß von dem dazu gehörenden Fürwort der erste, vom Titel selbst der erste und letzte Buchstabe gesetzt werden. (E. Mt J. D^t). Ausnahmen bilden E. W. für E. Würde und Würden und E. L. für E. Lieb und Liebden. Bei Titeln, welche den gleichen Anfangsbuchstaben besitzen, wird die Regel für den höchsten angewendet, für die anderen aber außer dem ersten und letzten Buchstaben noch der zweite und nötigenfalls auch der dritte oder, wenn dieser mit dem zweiten gleichlautet, der vierte Mitlauter des Wortes gesetzt. (H^t = Heiligkeit, Hh^t = Hoheit, Hrl^t = Herrlichkeit, Hrsch^t = Herrschaft, Hochmög^{ten} = Hochmögenheiten). c) Für die Bildung anderer Siglen und für Abkürzungen gelten folgende Regeln: Bei Wörtern, welche mit Helllautern oder einem Mitlauter beginnen, wird der erste Buchstabe gesetzt; bei Wörtern, welche mit zwei Mitlautern anheben, verwendet man beide; pf, sch und st gelten dabei als ein einziger Buchstabe. Drohen Verwechslungen, so wird die Regel auf das einsilbige oder, wenn ein solches nicht in Frage kommt, auf das am häufigsten abgekürzt zu gebrauchende Wort (also vor allem die Titel) angewendet, bei den anderen aber der Anfangsbuchstabe der zweiten Silbe herangezogen oder, wo dieser ein Helllauter ist, oder seine Verwendung Verwechslung nahelegen würde, der Schlußbuchstabe des Wortes, oder, wenn dieser ein Helllauter ist oder Verwechslung verursachen könnte, der zweite Buchstabe des Wortes benutzt (H = Herr, Hz. = Herzog, Kn. = Knecht, Kg. = König, Kf. = Kaiser, Ki. = Kirche, Ba. = Bauer, Bü. = Bürger.) Erscheint zur Verhütung von Mißverständnissen eine größere Zahl von Buchstaben erforderlich, so ist vor allem der Schlußmitlauter des Wortes zuzuziehen. (Kzl. = Kanzel; davon abgeleitet: Kzler. = Kanzler, Kzlei. = Kanzlei.) Bei zusammengesetzten Wörtern und Wörtern, welche zusammen einen Begriff bilden, werden die vorstehenden Regeln auf jedes Glied der Verbindung angewendet, und zwar, wo es sich um getrennt auftretende Wörter handelt, immer, bei verbundenen aber, falls Verwechslung droht, unter Benützung großer Anfangsbuchstaben für jeden Teil der Abkürzung. (ut. = unterthänig, Kf. = Kurfürst, Rf. = Reichsfürst, Rlfr. = Religionsfriede, Eb. = Erzbischof, Ehz. = Erzherzog, KG. = Kammergericht, RHR. = Reichshofrat, AC. = Augsburger Confession.) Genügt dies nicht, so ist die erste Silbe des zusammengesetzten Wortes auszuschreiben. (Abschr. = Abschrift; Aufschr. = Aufschrift, Beil. = Beilage.) Fest eingebürgerte Abkürzungen wie Cpt. = Concept, Cgm. = Codex germanicus Monacensis können trotz diesen Regeln immer beibehalten werden. d) Verdoppelung eines Buchstabens in den Siglen und Abkürzungen bedeutet die Mehrzahl, und zwar ist bei Siglen der Anfangsbuchstabe des Titels (E. DDt), bei Abkürzungen dagegen, falls diese nicht nur aus einem Buchstaben bestehen, der letzte derselben (Ff. = Fürsten, Hzz. = Herzoge) zu verdoppeln; bei zusammengesetzten Wörtern trifft die Verdoppelung natürlich nur den in die Mehrzahl zu setzenden Teil. (Kff. = Kurfürsten.) Geschlechts- und Steigerungsendungen sind den Abkürzungen anzuhängen (Kgin = Königin, agnster = allergnädigster), ebenso die Fallendungen, welche indes als solche durch Vorsetzung eines Apostrophs zu kennzeichnen sind. (Ks's = Kaisers.) e) In deutsche Aktenstücke eingestreute und nicht in den Endungen germanisierte Wörter sind gemäß den für Fremdsprachen geltenden Regeln zu behandeln, also mit Minuskeln zu beginnen, in der Schreibweise nach der Vorlage zu richten u. s. w.

XVIII. In lateinischen Aktenstücken ist, abgesehen von den allgemein giltigen Regeln, a) die Schreibweise nur insoweit zu ändern, als u, wo es für v steht, in dieses umgetauscht wird und umgekehrt und für ij stets ii gesetzt wird. b) Zur Bildung von Siglen für Anrede- und Titelformeln verwendet man außer dem Anfangsbuchstaben des Fürwortes im Nominativ den ersten Buchstaben des Titels. Falls Verwechslungen drohen, wird die Regel auf den höchsten Titel angewandt, für die übrigen aber die erste Silbe benützt (S. = Sanctitas, Ser. = Serenitas). Eine Ausnahme bildet D. = Dominatio und Dil. = Dilectio. Die Fallendungen werden dem Titelsigel angehängt und zwar über der Zeile stehend. (M^{ti} = Majestati, A^{ni} = Altitudini.) Mit dem Titel verbundene Eigenschaftswörter werden im Positiv auf die erste Silbe und den Anfangsbuchstaben der zweiten gekürzt; der Superlativ wird durch über der Zeile stehende Beifügung der Endung gekennzeichnet (ill, ill^{mus}, caes. reg.); sanctus und sacer können, da eine Verwechslung ausgeschlossen ist, beide mit s. gegeben werden. c) Für Abkürzungen gelten die bei Veröffentlichungen mittelalterlicher Stücke eingebürgerten Regeln.

XIX. Aktenstücke in neueren, fremden Sprachen sind a) in der Schreibweise, abgesehen von den durch die allgemeinen Regeln bedingten Änderungen, genau nach der Vorlage wiederzugeben und für y ist, wo dies dem jetzigen Sprachgebrauch entspricht, i zu setzen; b) die Sigel für Titel und Anredeformen werden wie im Deutschen gebildet, indes ist, wenn der Titel mit einem Hellauter endet, auch der vorletzte Buchstabe beizuziehen (M^d, M^{té}). Beigefügte Eigenschaftswörter werden wie im Lateinischen behandelt. c) Abkürzungen sind außer in einigen, den fremden Vorlagen selbst gewöhnlichen Fällen (lesd. = lesdits, d. = detto oder dicho u. s. w.) zu vermeiden. d) Accente sind mindestens insoweit, als es für leichteres Verständnis wünschenswert ist, gemäß dem heutigen Gebrauch der Sprache zu setzen.

XX. Alle Aktenveröffentlichungen sind in lateinischen Lettern zu drucken*). Für ß ist ſs anzuwenden.

XXI. Als Format ist Oktav zu wählen.

XXII. In der Mitte des oberen Randes jeder Seite ist die Jahreszahl, in dem der Seitenzahl entgegengesetzten Längsrande neben der ersten Zeile des Textes oder, wo mehrere Stücke auf derselben Seite stehen, neben der ersten Zeile jedes Aktenstückes die Nummer, im anderen Längsrande aber neben der ersten Zeile des Stückes Tag und Monat der Abfassung anzugeben. Andere Randbemerkungen, z. B. kurze Inhaltsangaben, können den hier zuletzt bezeichneten angeschlossen werden.

XXIII. Die Daten sind vom Jahre 1582 an in den Randnoten nach dem neuen Kalender anzugeben; ist das Aktenstück nach dem alten Kalender datiert, so wird das alte und neue Datum in Bruchform ausgedrückt ($^{15}/_{25}$). Am Schlusse des Aktenstückes wird die Datierung gemäß der Vorlage gegeben, wobei Actum mit A., Datum mit D., Signatum mit S. gekürzt und alle entbehrlichen Zuthaten außer Ort, Tag, Monat und Jahreszahl weggelassen werden können.

XXIV. Jedem Aktenstücke ist außer der fortlaufenden Nummer als Überschrift eine kurze Angabe vorauszusetzen, welche bei Briefen den Absender und Empfänger, bei anderen Aktenstücken deren Art, Aussteller, Empfänger und Bestimmung [z. B. Instruktion des Kaisers für N. N. zum Reichstage] oder, wo nicht alle diese Angaben möglich sind, wenigstens den Betreff bezeichnet.

XXV. Die Adresse (außer in der Überschrift) mitzuteilen, ist, wenn nicht besondere Umstände wie Titelstreitigkeiten u. dgl. vorliegen, unnötig. Von anderen Rückvermerken sind nur die sachlich wichtigen, namentlich aber die Abgangs- und Einlieferungsvermerke [abgeg. und eingel.] mitzuteilen.

XXVI. Der Inhalt der Aktenstücke ist durch kurze Angaben an ihrem Kopfe oder durch gesperrten Druck bezeichnender Wörter in ihnen leicht ersichtlich zu machen. Bei sehr ausgedehnten Stücken empfehlen sich beide Wege vereint, sowie kurze Inhaltsangaben am Rande bei den [gemäß Satz VIII gebildeten] Abschnitten.

XXVII. Hinter**) jedem Aktenstücke ist der Fundort anzugeben und zwar mit genauer Wiedergabe der Signatur, welche der betreffende Band oder das Bündel im Archiv oder in der Bibliothek trägt, und mit Bezeichnung der Seite, auf welcher dort das mit-

---

*) Dies empfiehlt sich vor allem wegen der so überaus häufig eingestreuten Fremdwörter.

**) Die in diesem Satze besprochenen Angaben gleich am Kopfe des Aktenstückes anzubringen, hat manche Vorteile; es wird jedoch da nicht möglich sein, wo eine umständlichere Entstehungsgeschichte eines Stückes mit Hinweis auf zahlreiche, mit Seite und Zeile zu bezeichnende Stellen desselben zu geben ist; auch wird die Übersichtlichkeit beeinträchtigt, wenn der Überschrift und Inhaltsangabe noch mehrere Zeilen anderen Betreffs folgen.

geteilte Stück beginnt. Weiter ist anzugeben, ob ein Entwurf
[Entw.] oder eine Urschrift [Urschr.] oder eine Abschrift
[Abschr.] vorliegt und ob die Urschrift in der Kanzlei ausgefertigt
und vom Briefsteller nur unterzeichnet [ausg. Urschr.] oder von
letzterem selbst geschrieben [eigh. Urschr.] ist. Besitzt man die Ur=
schrift, so wird natürlich diese der Veröffentlichung zu Grunde
gelegt und ist es unnötig Abschriften zu verzeichnen, falls nicht
deren Vorhandensein in dieser oder jener Sammlung von Bedeutung
ist. Entwürfe sind stets auch neben der Urschrift zu verzeichnen,
mit dieser zu vergleichen und, wo es angeht, in ihrer Entstehung
zu verfolgen; auch ist ihr Verfasser oder Bearbeiter womöglich an=
zugeben. Zur Unterzeichnung vorgelegte Reinschriften des Entwurfs,
welche dann noch vom Fürsten selbst oder einer leitenden Persön=
lichkeit durchgearbeitet sind, bezeichnet man als Reinentwurf [Rein=
entw.] und behandelt sie wie die Entwürfe selbst. Liegt die Ur=
schrift nicht vor, so sind Entwürfe und Reinentwürfe mit etwa vor=
handenen Abschriften zu vergleichen, um die endgiltige Fassung
festzustellen. Liegen nur Abschriften vor, so sind diese, falls nicht
besondere Umstände obwalten, lediglich zum Zwecke der Herstellung
eines guten Textes zu vergleichen und in diesem lediglich die guten
oder im Zweifelfalle die gleichwertigen Lesarten aufzunehmen, die
schlechten aber überhaupt nicht zu berücksichtigen. — Die Angabe
der hier bezeichneten Vermerke hat in der Weise zu geschehen,
daß zuerst der Fundort, dann die Art des Stückes, dann der Ver=
fasser und schließlich Nebenvermerke wie: mit Ziffern, beschädigt
u. dgl. eingetragen werden. Liegen mehrere Fassungen vor, so führt
man zuerst die Urschrift, dann die Entwürfe und Reinentwürfe
ihrem Entstehungsalter gemäß und schließlich die Abschriften ihrem
Werte nach auf, wobei, falls nicht der Fundort aller Stücke der=
selbe ist, vor jedem von ihnen dieser zu bezeichnen ist.

XXVIII. Anmerkungen sind nicht an den Schluß, sondern
unter die betreffende Seite des Aktenstückes zu setzen und gemäß
ihrer Reihenfolge auf dieser, nicht aber mit für das ganze Stück
durchlaufenden Nummern zu bezeichnen.

XXIX. Jede Aktensammlung ist der Zeitfolge nach zu ordnen,
es sei denn, daß sich wie z. B. bei Verwaltungsakten bestimmte,
einander garnicht berührende Gruppen bilden lassen. In letzterem
Falle ist ein chronologisches Verzeichnis der mitgeteilten
Akten beizugeben; im ersteren kann, wo es nötig erscheint, ein
sachlich geordnetes Verzeichnis den etwa entstehenden üblen
Folgen der zeitgemäßen Anordnung abhelfen.

XXX. Unerläßlich ist ein genaues, alphabetisches Personen=
und Sachregister, und zwar ist ein solches bei mehrbändigen
Werken jedem Bande gleich bei der Veröffentlichung beizugeben. Ein
Ortsregister wird, soweit es nicht mit dem Sachregister zu=
sammenfällt, in der Regel entbehrlich sein.

Korreferent **Prof. Dr. Ulmann-Greifswald** erklärt sich im Ausgangspunkt und den Grundrichtungen im Einklang mit den Vorschlägen des Referenten. Redner will nicht technische Einzelheiten zur Sprache bringen, sondern, als langjähriger Benutzer von Aktensammlungen, einen ergänzenden Vorschlag wagen.

In These I möchte statt „Darstellungen" lieber „Bearbeitungen" gesetzt werden. Die Frage, ob Veröffentlichung in extenso oder Bearbeitung einzutreten habe, solle nicht bloß nach der Wichtigkeit der Akten, sondern gemäß der Eigenart der Ereignisse und des Materials, in dem sie sich für uns spiegeln, beantwortet werden.

Zu These II und III. Das Auskunftsmittel von Auszügen verliert an Bedenklichkeit durch die Formulierung des Referenten. Dennoch bleiben erfahrungsmäßig Mißstände, wie auch unsere besten Editionen beweisen. Da man unmöglich alles abdrucken oder excerpieren kann, schon in Rücksicht auf die Zwecke einer Veröffentlichung, wird bei Entstehung von Kontroversen und dem Aufwerfen neuer Gesichtspunkte doch eine erneute Befragung der Archive unerläßlich bleiben.

Dies zugegeben, könnte für einzelne Stoffgebiete eine andere Behandlungsweise empfehlenswert sein. Bekanntlich hat Ranke für die mittelalterliche Geschichte in den Jahrbüchern eine quellenkritische Vorbearbeitung des gesamten Materials für die künftigen Darsteller herzustellen gewünscht. Diese Absicht ist nicht erreicht worden, weil teilweis die Bearbeiter die Rolle des Darstellers anticipiert haben. Was, nach Ansicht des Redners, für die neuere Geschichte erforderlich ist, wäre, was der Idee nach jene Jahrbücher — mutatis mutandis — hätten sein sollen. Wir brauchen Halbfabrikate. Das seien natürlich keine bloßen Auszüge, sondern die „Endergebnisse eines vorbereitenden Betriebes." Für eine solche Behandlung eignen sich etwa in sich abgeschlossene Verhandlungen, z. B. von Reichstagen, Kongressen, auch Abschnitte aus der Politik eines Fürsten- oder Herrscherhauses. Die Ausführung könne man sich verschieden denken. Etwa so: Ein Leiter mit seinen Hülfskräften sammelt, wenigstens bei umfassenderen Unternehmungen, das Material. Nach vorläufiger gemeinsamer Sichtung hätte auf Grund einer sorgfältigen Gesamtdisposition die Zerlegung des Stoffs in Teilaufgaben, z. B. für zusammengehörige Gruppen von Reichstagen oder Phasen einer sonstigen Verhandlung, zu erfolgen, so daß stets jeder Bearbeiter mit den übrigen in Berührung bliebe.

Maßgebende Muster liegen nicht vor, wenngleich den Verfassern mancher Werke ein ähnlicher Zweck vorgeschwebt haben mag. Um die wichtigeren Aktenstücke, die in extenso in den Text selbst aufzunehmen sind, hat sich die aus den übrigen Akten, in allen zweifelhaften Fällen in wörtlicher Anführung, aufgebaute Darstellung anzuschließen. Die Belege sind in die Anmerkungen, sonstiges gefundenes Material geeigneten Falls in besondere Anhänge zu verweisen. Solchen Halbfabrikaten, die die ursprüngliche Natur der

Quellen möglichst unverwischt bewahren sollen, müssen durch Veröffentlichung von Briefwechseln bedeutender Personen Mittel zur kritischen Kontrolle und individualisierenden Beurteilung zur Seite gestellt werden. Eine Aufstellung allgemeiner Regeln, welche Materialien in Wortlaut und Auszügen, welche in bearbeiteter Form herauszugeben seien, ist unmöglich.

Prof. Stern-Zürich dankt dem Referenten besonders dafür, daß er es als wünschenswert hingestellt habe, dem maßlosen Anwachsen der Aktenpublikationen zu steuern, jedoch möchte Redner im Gegensatz zu Ulmann auch bei Briefwechseln das System der Darstellung statt dessen der Publikation empfehlen.

Dr. Dobenecker-Jena bemerkt in Bezug auf These V, daß eine Ausbeutung des gesamten Stoffes nur möglich sei, wenn den Herausgebern von den Archivverwaltungen die nötige Unterstützung entgegengebracht würde, was leider nicht immer geschehe, und beantragt auf die Tagesordnung des Sonnabends einen Antrag zu stellen: „Den Archivvorständen steht es nicht zu, darüber zu befinden, ob in Akten, die ein Forscher zu benutzen wünscht, sich etwas findet oder nicht findet, was für sein Thema von Wert sein könnte."

Prof. Bachmann-Prag hält Dobeneckers Antrag für nicht geeignet zur Debatte, da die erwähnten Mißstände doch nur Ausnahmen seien, die bloße Erwähnung derselben scheine ihm bereits zu genügen.

Prof. Stieve empfiehlt Dobeneckers Antrag Sonnabend zu behandeln, aber sofort nach Schluß der jetzigen Debatte, wenn noch Zeit sei, den Antrag des Prof. Kaltenbrunner auf die Tagesordnung zu setzen.

Prof. Finke-Münster möchte zu den Thesen einiges bemerken vom Standpunkte des späteren Mittelalters aus. Absatz V möchte Redner auch für diese Zeit in Anspruch nehmen. In Absatz XII möchte er den letzten Satz streichen und dafür eine Bemerkung in der Einleitung einfügen. Ausrufungszeichen und Fragezeichen seien geeignet den Text zu verunzieren und deshalb möglichst zu vermeiden. Auch in Titeln und Anreden scheine es ihm besser die Abkürzungen möglichst zu beseitigen. Mit Rücksicht auf ausländische Benutzer sei zu empfehlen in Absatz XXVII statt „Urschrift" und „Abschrift" wieder „Original" und „Kopie" zu verwenden.

Dr. Hansen-Köln ist der Ansicht, daß die Stoffe, die sich so behandeln ließen, wie Ulmann es wünscht, selten seien, die Hauptsache sei möglichste Objektivität, auch würde bei Bearbeitungen die zeitliche Anordnung verletzt werden, und das sei als Nachteil zu betrachten. In These V möchte Redner statt „auf seinen Gegenstand bezüglichen Stoff" setzen „unmittelbar zu seinem Gegenstand gehörigen Stoff", denn Beziehungen seien sehr viele vorhanden.

Prof. Kaltenbrunner-Innsbruck bemerkt zu These XXIII, daß es in vielen Fällen zweifelhaft sei, ob ein Datum nach dem alten ober neuen Kalender vorliege, und schlägt vor, in solchen Fällen dem Bruch ein Fragezeichen folgen zu lassen.

Prof. Stieve=München hält den gemachten Einwendungen entgegen, daß er auf die deutschen Ausdrücke Wert lege und die Sprachreinigung wie für eine nationale so für eine wissenschaftliche Pflicht halte, weil dadurch eine schärfere und klarere Ausdrucksweise notwendig werde. Satz XXVII folge dem Brauche der preußischen Staatsarchive und ihrer Veröffentlichungen. Auf fremde Benutzer könne man nicht Rücksicht nehmen; wer einmal deutsche Auszüge lesen könne, dem würde auch das Wort „Urschrift" keine Schwierigkeiten bereiten. Außerdem sei zu bemerken, daß der Begriff „Original" bei neueren Akten nicht eindeutig sei wie bei mittelalterlichen. Ulmann möchte sich Redner in seinem Widerwillen gegen Aktenveröffentlichungen anschließen, er selbst habe Veröffentlichungen in die Form der Darstellung gebracht und so in zwei Bänden das mitgeteilt, was sonst fünf bis sechs gefüllt haben würde. Was in einem Aktenstück wichtig sei, lasse sich schwer sagen; die von Hansen vorgeschlagene Fassung des Satzes V sage auch nichts bestimmteres als dastehe, man müsse wieder hinzufügen: „nicht aber nur eine Blütenlese von Aktenstücken herausgeben," und damit sei der alte Sinn wieder hergestellt.

Nach kurzer Debatte über die Art der Verbreitung der Stieveschen „Grundsätze" wird Herstellung eines Sonderabzuges von dem Teile des Berichtes beschlossen, welcher die Verhandlungen des Freitag Vormittag enthält. Die Art der Verbreitung im einzelnen wird dem Ausschuß überlassen.

Der Vorsitzende drückt dem Hauptreferenten Stieve den Dank der Versammlung für seine Bemühungen aus.

Man schreitet zur Verhandlung über den Antrag des Herrn Dr. Dobenecker=Jena.

Prof. Brückner=Jena erkennt im allgemeinen das Verhalten der Archivdirektionen an, aber trotzdem sei dem Antrage zuzustimmen, da es nötig sei auch Ausnahmefälle zu treffen, und übrigens handle es sich nicht nur um deutsche, sondern auch um fremde Archive, ihm erscheine die Frage als eine ganz allgemein wichtige.

Bibliothekar Dr. Schultze=Halle beantragt auf die Tagesordnung des nächsten Historikertages die Beratung über Wünsche der Historiker gegenüber den Archivverwaltungen zu setzen.

Prof. Ulmann=Greifswald schließt sich dem Vorschlage an.

Dr. Hansen=Köln unterstützt den Vorschlag ebenfalls unter Hinweis darauf, daß über den Antrag Dobenecker, so wie er sei, gar nicht abgestimmt werden könne.

Der Vertagungsantrag des Dr. Schultze wird angenommen und demzufolge auf die Tagesordnung des nächsten Tages die Frage gesetzt: Welche Wünsche haben die Historiker gegenüber den Archivverwaltungen auszusprechen?

Weiter kommt der Antrag des Prof. Kaltenbrunner=Innsbruck zur Verhandlung.

Referent bezeichnet die Notlage als Veranlassung zu seinem Antrage. Die gedruckte ältere periodische Litteratur sei für den Forscher so wichtig, weil nur aus ihr Stimmungsbilder zu gewinnen seien, aber nur die größten Bibliotheken seien im Besitze der wichtigeren Zeitungen, und ganz selten nur finde man ganze Exemplare der älteren periodischen Presse. Die Notwendigkeit, eine Übersicht über das vorhandene Material zu gewinnen, sei einleuchtend, aber die Ausführung schwierig und ohne die Hilfe der Bibliotheksverwaltungen nicht durchzuführen. Referent stellt sich das Verfahren so vor: es wird ein allgemeines Schema aufgestellt, in welchem die Meß=relationen, Zeitungen u. s. w. verzeichnet sind, und dieses Schema wird als Fragebogen an die Bibliotheken versendet mit der Bitte um Mitteilung darüber, was sie haben. Die Mühe für die Bibliothekare sei nicht größer wie bei vielen Privatanfragen, und diese würden in Bezug auf diesen Zweig der Litteratur später fast ganz wegfallen. Auf Grund der eingegangenen Berichte sei dann zu einer Bearbeitung des Materials zu schreiten.

Prof. Stieve=München befürwortet den Antrag des Vor=redners und betont, daß zugleich noch andere Bedürfnisse, wie die Geschichte des Zeitungswesens, dadurch befriedigt werden könnten. Die Meßrelationen enthielten übrigens mehr als Stimmungs=berichte, eine Menge verlorener Aktenstücke und einzelner Nachrichten sei in ihnen überliefert, und außerdem seien diese Berichte die Grund=lage für die zeitgenössischen Geschichtswerke, deren Bearbeitung auch noch notwendig sei. Redner stellt den Antrag, den Ausschuß zu be=auftragen, unter Hinzuziehung von Prof. Kaltenbrunner die Arbeit in Angriff zu nehmen.

Der Antrag wird einstimmig angenommen.

Schluß der Sitzung 12 Uhr.

—

Nachmittags 3 Uhr fand im oberen Saale der „Alemannia" ein Festessen statt, an dem außer zahlreichen Fachgenossen auch Herr Oberbürgermeister Abickes teilnahm. Prof. Heigel=München brachte das Hoch auf den deutschen, Direktor Hartwig=Frankfurt auf den österreichischen Kaiser aus. Oberbürgermeister Abickes trank auf den Ausschuß des Historikertages, General v. Wetzer=Wien auf die Stadt Frankfurt und Prof. Prutz=Königsberg auf den Ortsausschuß, für den Prof. Oelsner-Frankfurt dankte. Mit launigen Reden erfreuten gegen Ende des Mahls Prof. v. Zwiedineck-Südenhorst, Stieve-München und Weigert-Frankfurt die Anwesenden.

Gegen 6 Uhr zerstreuten sich die Teilnehmer, um die Vorstellung des „Tannhäuser" im Opernhause zu besuchen, welche ebenso wie die von Frankfurter Dialektstücken im Schauspielhause am Freitag seitens der Intendanz zu einer Festvorstellung für den Historikertag gestaltet worden war. Auch konnte den Teilnehmern der Besuch des Palmengartens und Zoologischen Gartens erleichtert und der des Römers, des Goethehauses, des historischen Museums, der Leseräume des Bürgervereins und des Hochstifts gewährt werden. Den beteiligten Direktionen sei hierbei der Dank für ihre freundliche Aufmerksamkeit ausgesprochen.

4. Sitzung.

Sonnabend, den 20. April, vormittags 9 Uhr.

Vortrag des Herrn Prof. Dr. Eduard Meyer-Halle über die **wirtschaftliche Entwickelung des Altertums**. Derselbe wird gedruckt erscheinen in Conrads Jahrbüchern für Nationalökonomie und Statistik, Band 64 (dritte Folge Bd. 9) S. 696 ff. und außerdem als Broschüre im Verlag von Gustav Fischer, Jena.

Prof. von Zwiedineck-Südenhorst: Die zweite Versammlung deutscher Historiker in Leipzig hat eine Reihe von Punkten aufgestellt, auf deren Ausführung die Frankfurter Versammlung beruht. Sie hat außerdem einen Ausschuß geschaffen, der für das Zustandekommen des dritten Tages zu sorgen hatte. Das Amt dieses Ausschusses erlischt jetzt, es tritt die Frage an uns heran: sollen noch weitere Historikerversammlungen stattfinden?

Der geschäftsführende Ausschuß erhielt den Auftrag, einen Fonds zu schaffen aus Beiträgen der Teilnehmer für weitere Historikerversammlungen. Das ist nicht geschehen, aber es wird geschehen müssen, und das ist das wichtigste Mittel, um den Historikertag selbständig zu machen. Wir schlagen einen sehr einfachen Weg vor, indem wir dem dritten Historikertage folgende sechs Punkte zur Begutachtung vorlegen, von denen der sechste erst in zweiter Linie in Betracht kommt.

I. Die Teilnehmer der dritten Versammlung deutscher Historiker zu Frankfurt a. M. konstituieren sich zu einem Verbande

deutscher Historiker und wählen einen Ausschuß von 15*) Mitgliedern mit folgendem Auftrag:
1. den Bericht über die dritte Versammlung in ähnlicher Form, wie es bisher geschehen, zu veröffentlichen,
2. die vierte Versammlung deutscher Historiker vorzubereiten und die Tagesordnung derselben zu bestimmen,
3. die bereits angebahnten Beziehungen unter den landesgeschichtlichen Publikations-Instituten weiter zu entwickeln.

II. Die Teilnehmer der ersten und zweiten Versammlung deutscher Historiker, die in Frankfurt nicht anwesend sind, sowie alle Fachgenossen, von denen ein Interesse an den Verhandlungen der Historiker-Versammlungen erwartet werden kann, werden zum Beitritte eingeladen.

III. Die Mitglieder des Verbandes zahlen an den geschäftsführenden Ausschuß einen Jahresbeitrag von 5 Mark D.R.W., wodurch sie zum Besuche der Versammlungen mit Stimmrecht befugt sind. Diejenigen, die für den Frankfurter Tag ihren Beitrag entrichtet haben, sind für 1895 von weiterer Zahlung befreit. Aus dem durch die Verbandsbeiträge gebildeten Fonds, den der Ausschuß verwaltet, werden die Kosten für die Veranstaltung der Versammlungen, die Drucklegung der Berichte und die Geschäftsführung des Ausschusses bestritten.

IV. Jedes Verbandsmitglied erhält den Versammlungsbericht und die vom Ausschusse für notwendig befundenen Mitteilungen unentgeltlich zugestellt.

V. Die Vollmacht des in Frankfurt gewählten Ausschusses dauert bis zur Neuwahl bei der vierten Versammlung. Der Ausschuß wählt den Vorsitzenden, den Vorsitzenden-Stellvertreter und den Kassierer, er stellt in einer Geschäftsordnung die Grundsätze für seine Thätigkeit fest.

VI. Die Bestimmung von Ort und Zeit der vierten Versammlung steht dem Ausschusse zu, jedoch drückt die dritte Versammlung den Wunsch aus, daß die nächste Versammlung deutscher Historiker im Herbst 1896 in Österreich stattfinde.

Redner bittet zunächst über die ersten fünf Punkte zu verhandeln.

Prof. Vogt-Augsburg: es könne über die Notwendigkeit der Historikertage kein Zweifel obwalten, denn es handle sich um persönliches Nahekommen und Kennenlernen zum Nutzen für die Personen und ihre Thätigkeit. Der Ausschuß scheine ihm den richtigen Weg eingeschlagen zu haben, man dürfe es nicht dem Zufall überlassen, ob sich die richtigen Männer zusammenfinden, um einen Tag zustandezubringen. Für die Zukunft könne man sich nicht

---
*) Die Zahl der Ausschußmitglieder wird erst im Laufe der Debatte festgesetzt.

länger in die Luft hängen, darum müsse man einen Verband gründen, dem sich dann alle ankrystallisieren können, die bisher fern geblieben sind. Redner bittet deshalb die ersten fünf Punkte en bloc anzunehmen.

Archivrat Ermisch-Dresden hält eine Annahme der Beschlüsse für bedenklich, weil dadurch eine Gruppe deutscher Historiker entstehen würde, welche den vierten Historikertag zu bilden hätte, aber ein „vierter Tag des Historikerverbandes" scheine noch weniger geeignet die Elemente heranzuziehen, die bisher fern geblieben sind. Die Notwendigkeit, sich für künftig materiell zu sichern, liege allerdings vor.

Prof. Vogt bestreitet den Worten des Vorredners nicht die Berechtigung, aber seinen Befürchtungen könne man vorbeugen, wenn man es von vornherein ausspricht, daß unser Verband, den wir zu bilden im Begriffe sind, nur dazu da ist, den deutschen Historikertag zu garantieren. Natürlich hat jeder andere das Recht, sich an der Versammlung zu beteiligen dadurch, daß er als Beitrag zahlt, was wir als Verbandsmitglieder zahlen; ausgeschlossen ist kein deutscher Historiker.

Prof. Prutz stellt, um aus den Schwierigkeiten heraus zu kommen, den Antrag, den Kopf der sechs Vorschläge zu formulieren: „Die Teilnehmer des dritten deutschen Historikertages konstituieren sich als Verband zur Veranstaltung vertretermäßiger Versammlungen möglichst aller deutschen Historiker."

Prof. Lamprecht betont, daß der Zweck des zu gründenden Verbandes ein rein finanzieller sei, da bisher keine Mittel da seien und man noch immer von dem Zuschusse des sächsischen Ministeriums zehre. Man wolle nur durch Beiträge der Herren, die sich für den Historikertag interessiert haben, fernere Tage sichern. Ein Beispiel gebe der Juristentag. Man könne ja das Wort „Verband" vermeiden und „Freie Vereinigung" oder sonst einen Namen wählen.

Prof. Vogt bestätigt die Angaben Lamprechts über den Juristentag durch zahlenmäßige Nachweise.

Von anderer Seite wird das Beispiel der Medizinertage angeführt, wo auch Mitglieder bezahlen, gleichgiltig, ob sie kommen oder nicht.

Es wird nun die Frage aufgeworfen, in welcher Weise für weitere Historikertage eingeladen werden soll.

Prof. Lamprecht teilt mit, daß bereits ein Verzeichnis sämtlicher Historiker existiere, das bisher bei den Einladungen zu Grunde gelegt worden sei.

Prof. von Zwiedineck-Südenhorst hält die ausgesprochenen Bedenken gegen das Wort „Verband" für nicht schwerwiegend genug, um weiter darüber zu debattieren, und erklärt sich einverstanden mit dem Amendement des Prof. Prutz, dessen Inhalt bereits in I, II und III enthalten sei. Der Historikertag müsse völlig selbständig werden und dürfe keine Subventionen brauchen. Wenn einmal keine Stadt einlade, so müsse Geld genug vorhanden sein, um in einem geeigneten Orte einen Saal zu mieten und dort die Versammlungen abzuhalten.

Generalmajor von Wetzer schlägt vor in II „Fachgenossen" zu streichen.

Dr. Schultze-Halle stellt zur Erwägung, ob der Historikertag nicht gerade durch Bildung eines Verbandes gefährdet werden könne, wenn dem Verbande zu wenig Mitglieder gewonnen würden.

Prof. Lamprecht befürchtet das nicht, da die Kosten erfahrungsmäßig 600—700 Mark betrügen und auf mehr als 100 Mitglieder sicher zu rechnen sei.

Prof. von Zwiedineck-Südenhorst konstatiert, daß Prof. Vogt's Antrag bereits gefallen sei und daß also Punkt für Punkt abgestimmt werden müsse. In Punkt I müsse zuerst die Zahl der Ausschußmitglieder festgesetzt werden.

Prof. Lamprecht hält die bisher angewandte Zusammensetzung eines Ausschusses nach dem Vorortssystem für unpraktisch. Dem Vorsitzenden müsse man weitreichende Vollmacht geben, da der Ausschuß nur repräsentativen, nicht exekutorischen Charakters sein könne. Deshalb könne der Ausschuß neben dem Vorsitzenden eine größere Anzahl von Mitgliedern erhalten; er schlägt vor, einen Ausschuß von 15 Mitgliedern zu wählen mit dem Rechte der Kooptation bis zu 20.

In der vom Vorsitzenden geleiteten Abstimmung wird der Punkt I einstimmig in folgender Fassung angenommen:

„Die Teilnehmer der dritten Versammlung deutscher Historiker zu Frankfurt a. M. konstituieren sich zu einem Verbande zum Zwecke der Veranstaltung regelmäßig wiederkehrender Versammlungen deutscher Historiker und wählen einen **geschäftsführenden Ausschuß** von 15 Mitgliedern mit dem Rechte der Ergänzung durch Selbstwahl bis auf 20, der folgende Aufträge erhält."

Archivrat Grotefend möchte in Punkt II weglassen „vermöge ihrer Stellung und Leistung".

Generalmajor von Wetzer befürchtet, daß man durch diese Weglassung die sog. „Vereinsfreunde" in die Historikertage herein bekomme.

Archivrat Grotefend will durch seine Weglassung dem Ausschusse bei den Einladungen nur möglichst freie Hand schaffen.

Prof. Lamprecht stimmt dem Generalmajor von Wetzer bei.

Dr. Schnapper-Arndt stimmt Archivrat Grotefend bei.

Prof. von Zwiedineck-Südenhorst betont, daß man nur Fachgenossen vereinigen wolle. Jeder Teilnehmer müsse sich für seine Zugehörigkeit durch irgend welche Fachgenossenschaft legitimieren.

Prof. Lamprecht glaubt einen Ausweg zu finden durch die Bildung des Unterschiedes zwischen Mitgliedern und Teilnehmern, indem für die letzteren bei Vorträgen von allgemeinerem Interesse Teilnehmerkarten ausgegeben werden könnten.

Punkt II wird bei der Abstimmung mit dem Antrag des Archivrat Grotefend einstimmig angenommen.

Punkt III, IV, V gehen ohne weiteres durch.

Prof. von Zwiedineck begründet Punkt VI damit, daß man dafür sorgen müsse, nicht regelmäßig mit anderen Versammlungen gleichzeitig zu tagen, erfahrungsmäßig seien aber die ungeraden Jahre am reichlichsten besetzt, man müsse deshalb daran denken, die Versammlung nur alle zwei Jahre, und zwar in den geradzahligen Jahren stattfinden zu lassen.

Archivrat Grotefend erklärt sich mit dem Vorschlag im ganzen einverstanden, nur nicht mit dem Zeitpunkt der nächsten Versammlung, da es keinen Zeitpunkt im Herbst gäbe, an welchem alle Gymnasiallehrer Ferien hätten.

Prof. von Zwiedineck bezeichnet als Zweck des Vorschlages, zunächst zweimal in Abschnitten von anderthalb Jahren zusammen zu kommen, sodaß auf Herbst 1896 Ostern 1898 folgen würde.

Archivrat Grotefend hält den Wechsel zwischen Frühling und Herbst für gefährlich. Die Lehrer wollen mit einem solchen Tage eine Reise verbinden, und diese unternehmen sie nicht um Michaelis.

Gymnasialdirektor Hartwig hält den Wechsel zwischen Frühjahr und Herbst nicht für gefährlich, vielmehr sei Gefahr vorhanden, daß die Gymnasiallehrer im Herbst überhaupt nicht kommen können, und deshalb möchte er Grotefend beistimmen.

Prof. von Zwiedineck hält den Wechsel zwischen Ostern und Michaelis für notwendig, da zu Ostern viele Kollegen nach Italien zu reisen pflegten.

Dr. Schultze hält den Wechsel zwischen Frühjahr und Herbst für gut, möchte aber, daß die Versammlungen in jedem Jahre stattfinden.

Archivrat Grotefend konstatiert, daß es sich hier nur um Wünsche, nicht um Beschlüsse handle; zu bestimmen habe der Ausschuß.

Dr. Schultze will in Punkt VI schreiben: „Der Ausschuß hat das Recht, über die Zeit innerhalb eines Jahres zu bestimmen."

Prof. Prutz möchte im Interesse der Sache nur alle zwei Jahre Versammlungen stattfinden lassen; Kollision mit anderen Tagen sei unvermeidlich, die endgiltige Beschlußfassung müsse man dem Ausschuß überlassen. Übrigens handle es sich nur um das nächste Mal, später könne man ja anders beschließen.

Dr. Schultze zieht sein Amendement zurück, da die Bestimmung nicht präjudizierend sein solle.

Prof. von Zwiedineck glaubt, es sei unmöglich so genaue Bestimmungen zu geben, es könnten Verhältnisse eintreten, welche, wie die Choleragefahr im Herbst 1892, die Abhaltung einer Versammlung unmöglich machen.

Prof. Heigel (Vorsitzender) läßt über das Amendement des Archivrat Grotefend, daß man den Ostertermin beibehalten solle, abstimmen. Da Gleichstimmigkeit vorhanden ist, wird die Entscheidung dem Ausschuß übertragen. Punkt VI geht durch.

Man schreitet zur Wahl der Ausschußmitglieder.

Prof. Prutz ist beauftragt, die Namen der vorgeschlagenen Herren zu verlesen. Es sind: von Zwiedineck-Südenhorst (Graz), Kaltenbrunner (Innsbruck), Bachmann (Prag), Stieve (München), Heigel (München), von Weech (Karlsruhe), Stälin (Stuttgart), Lamprecht (Leipzig), Marcks (Leipzig), Eduard Meyer (Halle), Hartwig (Frankfurt), Ulmann (Greifswald), Hansen (Köln), Prutz (Königsberg), Köcher (Hannover).

Prof. Heigel bedauert, daß im Ausschuß Berlin gar nicht vertreten ist.

Prof. Prutz konstatiert, daß aus Berlin niemand da sei und daß man niemand auffordern dürfe, der dann eventuell schreibe: „Ich danke", wie man es schon einmal erlebt habe.

Die vorgeschlagene Liste wird angenommen.

Prof. Heigel hält kurze Überschau über die Ergebnisse des dritten Historikertages und schließt die Versammlung mit dem Worte Böhmers: „Was aber immer tröstet, ist: Gearbeitet zu haben."

Prof. Brückner-Jena spricht im Namen der Versammlung dem bisherigen Ausschuß den Dank für seine Bemühungen aus.

Bei herrlichem Wetter wurde Sonntag, den 21. April ein Ausflug mit Damen nach Homburg und dem Limes in der Nähe der Saalburg unternommen. Gegen fünfzig Teilnehmer trafen gegen 9 Uhr in Homburg ein, wo sie am Bahnhof vom Vorstande des Homburger Vereins für Geschichte und Altertumskunde empfangen wurden. Unter der Leitung des Streckenkommissars Baumeister Jacobi erfolgte zunächst eine Orientierungsbesichtigung des Saalburgmuseums im Kurhaus und sodann die Abfahrt nach dem Kastell. Nach einem Frühstück im Gasthaus zur Saalburg wurde eine eingehende Besichtigung des Kastells, der umliegenden Niederlassungen und des Limes vorgenommen, wobei den Besuchern Gelegenheit geboten wurde, mit eignem Auge die Arbeit an der Bloßlegung zu beobachten. Nach der Rückfahrt vereinigten sich die noch

Anwesenden zu einem Festessen im Hotel Adler, während andere bereits die Heimfahrt angetreten hatten. Während des Mahles dankte Professor Prutz-Königsberg den Homburger Herren für den Empfang, Direktor S ch u l z begrüßte die Gäste und toastete auf die Geschichtswissenschaft. In launiger Rede feierte Archivrat G r o t e f e n d - Schwerin Herrn Baumeister Jacobi unter gleichzeitiger Gratulation zu seinem sechzigsten Geburtstag. Auf eine nochmalige genaue Besichtigung des Saalburgmuseums folgte die Rückfahrt nach Frankfurt und das Auseinandergehen der Teilnehmer der dritten Versammlung deutscher Historiker.

Anhang I.

Historisches Seminar an der Universität Leipzig.

Ratschläge für das Studium der mittleren und neueren Geschichte.

Das Historische Seminar an unserer Universität zerfällt in zwei selbständige Abteilungen, diejenige für alte und diejenige für mittlere und neuere Geschichte. Die Ratschläge, welche im folgenden gegeben werden, beziehen sich auf die Studien, welche an die Abteilung für mittlere und neuere Geschichte anknüpfen. Natürlich aber ist es für die Commilitonen, welche sich den Studien in dieser Abteilung widmen, eine der Voraussetzungen ihres Bildungsganges, daß sie sich auch auf dem Gebiete der alten Geschichte ausreichende Kenntnisse erwerben und an den Übungen der altgeschichtlichen Abteilung teilnehmen.

Innerhalb des Kreises der mittelalterlichen und neuzeitlichen Studien ist im folgenden zunächst von der Regelung des geschichtlichen Studiums unabhängig von irgendwelchen Rücksichten auf einen praktischen Beruf die Rede, und zwar wird zuerst (Nr. I) über die Grundlagen, dann (Nr. II) über den Gang eines solchen Studiums gehandelt. Inwieweit die damit gegebenen Anforderungen sich mit der Vorbereitung auf einen bestimmten Beruf vereinigen lassen, davon wird in einem letzten Abschnitt (Nr. III) die Rede sein.

I.

Die Wissenschaften, welche ein vollkommen ausgebildeter Historiker für das Gebiet der mittleren und neueren Geschichte ganz oder zum Teil beherrschen muß, kann man in propädeutische, eigentlich historische und hilfswissenschaftliche einteilen.

Als propädeutische Wissenschaften sind zu bezeichnen die Philosophie, die Philologie, die Rechtswissenschaft, die Nationalökonomie und die Geographie. In der Philosophie ist Beschäftigung mindestens mit Logik, Psychologie und Ethik zu wünschen. Auf dem Gebiete der Philologie ist, neben der Beherrschung der für das historische Forschungsgebiet jeweils in Betracht kommenden Sprachen, erforderlich, daß der angehende Historiker auf irgend eine Weise, sei es im Kolleg, sei es im Seminar, die Kunst philologischer Kritik und Hermeneutik kennen gelernt habe. Am ratsamsten ist es, hierzu ein philologisches Proseminar zu besuchen. Nicht minder müssen dem Historiker die Grundbegriffe der Jurisprudenz geläufig sein, möge er sie sich nun in rechtswissenschaftlichen Übungen oder durch Hören eines Kollegs über Institutionen (und womöglich auch über römische Rechtsgeschichte) angeeignet haben. Dabei bleibt ein noch tieferes Eindringen in die Jurisprudenz, insbesondere die Beschäftigung mit Kirchen-, Staats- und Völkerrecht, wünschenswert. Auf nationalökonomischem Felde bedarf es einer genauen Kenntnis der theoretischen und praktischen Nationalökonomie und der Finanzwissenschaft; anzustreben ist ferner ein Verständnis der politischen und socialen Theorieen, wie einige Vertrautheit mit den elementaren Methoden der Statistik. In der Geographie handelt es sich namentlich um die politischen und ethnographischen Teile der Disziplin.

Die eigentlich historischen Wissenschaften sind die der politischen Geschichte, der Wirtschafts-, Social-, Rechts- und Verfassungsgeschichte und der Geistesgeschichte (Geschichte der Philosophie, Kunstgeschichte, Litteraturgeschichte und teilweise Kirchengeschichte). Der Historiker muß, gleichgiltig auf welchem Gebiete dieser Schwesterwissenschaften er im besonderen arbeiten will, mit dem Stoff und den Methoden aller dieser Disciplinen vertraut sein. Namentlich ist festzuhalten, daß ohne genaue Kenntnis der Wirtschafts-, Social-, Rechts- und Verfassungsgeschichte kein tieferes Verständnis der politischen Geschichte, ohne Kenntnis wenigstens der Geschichte der Philosophie und der Kunstgeschichte kein tieferes Verständnis der Geistesgeschichte zu erreichen ist. Darum ist zu fordern, daß der angehende Historiker sich nicht bloß ein bestimmtes Wissen in diesen Disciplinen aneigne, sondern auch wenigstens auf den hauptsächlichsten Gebieten durch Teilnahme an den einschlägigen Übungen sich Einsicht in deren besondere Arbeitsmethode verschaffe.

Die Hilfswissenschaften kann man in allgemeine und besondere der einzelnen historischen Disciplinen teilen. Allen Disciplinen gehören an die Chronologie, die Paläographie und die allgemeine Quellenkunde (Historiographie); sie müssen mithin unter allen Umständen studiert werden. Für politische und Wirtschafts-, Social-, Rechts- und Verfassungsgeschichte ist ferner die Urkundenlehre (Diplomatik) unerläßlich. Die Hilfswissenschaften der Geistesgeschichte (Inschriftenkunde, Ikonographie, Metrik, Sprachgeschichte u. s. w.) können dagegen den speciellen Jüngern dieser Wissenschaften vorbehalten bleiben.

II.

Die Vorlesungen wie die Übungen sowohl in den propädeutischen als auch in den historischen Wissenschaften werden an unserer Universität meist so abgehalten, daß sie ohne weitere Voraussetzungen als die einer Gymnasialbildung aus sich selbst heraus verständlich sind; höchstens in der Philosophie und der Nationalökonomie wird teilweise vorausgesetzt, daß derjenige Gang in der Aufnahme des Stoffes eingehalten wird, welcher oben durch die Reihenfolge der genannten Vorlesungen angedeutet ist. Es steht mithin den Commilitonen an sich frei, sich der geschichtlichen Wissenschaft in derjenigen Reihenfolge der Einzeldisciplinen zu bemächtigen, welche jeder seinerseits für richtig hält. Gleichwohl lassen sich aus der Erfahrung des Lehramtes heraus einige Ratschläge erteilen.

Im allgemeinen werden die ersten Semester am besten den propädeutischen Wissenschaften, dem Hören politisch-geschichtlicher Vorlesungen und eingehender Lektüre von Quellen gewidmet werden. Dabei ist in den speciell geschichtlichen Studien (immer abgesehen von dem Gebiete der alten Geschichte) mit dem Mittelalter zu beginnen, ohne dessen genaue Kenntnis eine tiefere Auffassung der neueren Geschichte unmöglich ist. Parallel hiermit wird die Teilnahme an den vorbereitenden Kursen im historischen Seminar, auch die Aneignung der hilfswissenschaftlichen Disciplinen laufen. In den mittleren Semestern würde dann das Studium der Wirtschafts-, Social-, Rechts- und Verfassungsgeschichte, sowie der Geistesgeschichte hinzutreten; zugleich sollte zu den höheren Kursen im historischen Seminar wie zu kunstgeschichtlichen, litterargeschichtlichen und geschichtlich-statistischen Übungen fortgeschritten werden.

Diese Semester werden dann der Regel nach auch diejenigen sein, in denen sich auf Grund allmählicher Kenntnisnahme der gesamten historischen Disciplinen eine bestimmte Neigung (und Begabung) für irgend ein besonderes Gebiet oder irgend eine Periode herausstellt. Es ist wünschenswert, daß, nachdem eine gründliche Aneignung allgemeinen Wissens und jeglicher historischen Methode stattgefunden hat oder wenigstens aufs ausreichendste angebahnt ist, nunmehr dieser Neigung nachgegeben werde. Sie wird die neben der Ausdehnung des Wissens durchaus notwendige Vertiefung in die Einzelheiten irgend eines Stoffes ergeben und damit zugleich den Abschluß des Studiums herbeiführen, wie er in der Probe einer wissenschaftlichen Leistung zu erfolgen hat.

III.

Der Studienbereich und Studiengang, wie er bisher besprochen ist, gewährleistet eine nach allen Seiten hin abgeschlossene historische Bildung. Eine solche geht in einigen Punkten über die Anforderungen, welche nach der Prüfungsordnung an künftige Lehrer der Mittelschulen (Gymnasien u. s. w.) gestellt werden, hinaus. Die künftigen Kandidaten des Lehramtes werden also die Möglichkeit haben, von dem aufgestellten Ziele nach gewissen Seiten hin abzuweichen. Sie werden in den propädeutischen Fächern einige Vorlesungen (z. B. Finanzwissenschaft) entbehren können, sie werden auch in dem Besuche der Übungen, namentlich soweit sie aus dem eigentlichen Bereich des historischen Seminars herausfallen, sich Beschränkung auferlegen, sie werden endlich den Hilfswissenschaften nicht übermäßige Aufmerksamkeit zuwenden. Für sie gilt es, neben einer Schulung in den hauptsächlichsten historischen Methoden sich namentlich ein sicheres und umfassendes historisches Wissen anzueignen.

Für diejenigen dagegen, die als Lehrer einmal historisch-wissenschaftliche Thätigkeit pflegen, oder sich völlig den specifisch historischen Berufen, der akademischen Laufbahn, dem Archivdienst u. s. w. widmen wollen, ist es unerläßlich, das aufgestellte Ziel voll ins Auge zu fassen. Die mit Erreichung desselben sich ergebende Ausbildung bildet zugleich auch die beste Vorbereitung für die Thätigkeit des künftigen Tagesschriftstellers.

Indem die Lehrer des Historischen Seminars den Mitgliedern desselben die vorstehenden Bemerkungen in die Hand geben, erklären sie sich zugleich bereit, mit jedem Commilitonen, der dies wünscht, in eine genaue Besprechung über den von ihm geplanten Studiengang einzutreten. Sie unterlassen jedoch nicht zu bemerken, daß sie ihre Ratschläge, sowohl die hier abgedruckten wie die mündlich zu erteilenden, niemals im Sinne einer bindenden Vorschrift, sondern nur im Sinne einer zu beherzigenden Mitteilung geben. Jeder Commilitone bleibt für die Art, wie er sein Studium einrichtet, selbst verantwortlich.

Universität Leipzig.

Kurse des Historischen Seminars,
Abteilung für mittlere und neuere Geschichte.

Vorbereitende Kurse:
1. Einführung in das Verständnis der politisch-geschichtlichen Quellen des Mittelalters; Übungen zur politischen Geschichte dieser Zeit: Dr. Buchholz.
2. Einführung in das Verständnis der rechtsgeschichtlichen Quellen des Mittelalters; rechtsgeschichtliche Übungen: Dr. Geffcken.

Hilfswissenschaftlicher Kurs:
Diplomatisch=verfassungsgeschichtliche Übungen: Prof. Dr. Seeliger. (Von Winter=Semester 1895 ab.)
Haupt=Kurse:
1. Übungen, zumeist wirtschafts= und socialgeschichtlichen Inhalts, zur Geschichte des Mittelalters und des 16. Jahrhunderts: Prof. Dr. Lamprecht.
2. Übungen aus dem Gebiete der neueren Geschichte: Prof. Dr. Marcks.

Diese Kurse werden in jedem Semester sämtlich abgehalten. Außerdem werden zur praktischen Anleitung künftiger Bibliothekare und Archivare periodisch Kollegia über Bibliothekskunde und Archivkunde von Dr. Buchholz und Prof. Dr. Seeliger gelesen.

Anhang II.
Liste der Teilnehmer.

Nr.	Name	Titel und Stellung	Wohnort
1	Abickes	Oberbürgermeister	Frankfurt.
2	Arnheim	Privatgelehrter Dr.	Berlin.
3	Bachmann	Universitätsprofessor Dr.	Prag.
4	Baer	Verlagsbuchhändler	Frankfurt.
5	Bärwald	Realschuldirektor Dr.	Frankfurt.
6	Balbamus	Oberlehrer Dr.	Leipzig.
7	Banck	Volontär am Hist. Archiv	Köln.
8	Beckurts	Dr.	Braunschweig.
9	Bernays	Dr.	Göttingen.
10	Böhtlingk	Hochschulprofessor Dr.	Karlsruhe.
11	Bondi	Dr.	Frankfurt.
12	Boos	Universitätsprofessor Dr.	Basel.
13	Bröcking	Dr.	Wiesbaden.
14	Brückner	Professor Dr.	Jena.
15	Bücher	Universitätsprofessor Dr.	Leipzig.
16	Collischonn	Oberlehrer Dr.	Frankfurt.
17	Cornill	Städt. Konservator	Frankfurt.
18	Diemar	Privatdocent Dr.	Marburg.
19	Dobenecker	Oberlehrer Dr.	Jena.
20	Donner=v.Richter	Historienmaler	Frankfurt.
21	Ellissen	Oberlehrer Dr.	Einbeck.
22	Enders	Pfarrer Dr. theol.	Oberrad b. Frkft.
23	Erdmannsdörffer	Universitätsprofessor Dr.	Heidelberg.
24	Ermisch	Archivrat Dr.	Dresden.
25	Fester	Privatdocent Dr.	München.
26	Finke	Universitätsprofessor Dr.	Münster.
27	Fredericq	Professor	Gent.
28	Gál	Hauptmann	Wien.
29	Gantter	Redakteur Dr.	Frankfurt.
30	Giesecke	Verlagsbuchhändler Dr.	Leipzig.
31	Goldmann	Gymnasialprofessor Dr.	Friedberg.
32	Grimm	Stadtrat Dr.	Frankfurt.
33	Großmann	Oberlehrer Dr.	Berlin.
34	Größler	Gymnasialprofessor Dr.	Eisleben.
35	Grotefend, H.	Archivrat Dr.	Schwerin i. M.
36	Grotefend, O.	cand. hist.	Marburg.
37	Hagens	Ob.=Landger.=Präsid. Dr.	Frankfurt.

Nr.	Name	Titel und Stellung	Wohnort
38	Hansen	Stadtarchivar Dr.	Köln.
39	Hartwig	Gymnasialdirektor Dr.	Frankfurt.
40	Haupt	Oberbibliothekar Dr.	Gießen.
41	Heigel	Universitätsprofessor Dr.	München.
42	Helm	Oberlehrer	Darmstadt.
43	Helmolt	Redakteur Dr.	Leipzig.
44	Heuer	Bibliothekar des Freien Deutschen Hochstifts Dr.	Frankfurt.
45	Heyck	Universitätsprofessor Dr.	Heidelberg.
46	Heußenstamm	Bürgermeister Dr.	Frankfurt.
47	Holzapfel	Dr.	Gießen.
48	Horne	Lehrer	Frankfurt.
49	Horovitz	Rabbiner Dr.	Frankfurt.
50	Jung	Stadtarchivar Dr.	Frankfurt.
51	Kaerst	Gymnasialoberlehrer Dr.	Gotha.
52	Kaltenbrunner	Universitätsprofessor Dr.	Innsbruck.
53	Kanngießer	Professor	Magdeburg.
54	Knipping	Dr.	Köln.
55	Knörk	Architekt	Frankfurt.
56	Köcher	Gymnasialprofessor Dr.	Hannover.
57	Kröger	Oberlehrer Dr.	Elberfeld.
58	Lamprecht	Universitätsprofessor Dr.	Leipzig.
59	Lau	Dr.	Köln.
60	Levy	Dr.	Berlin.
61	Liermann	Oberlehrer Dr.	Frankfurt.
62	Lindt	Oberlehrer Dr.	Darmstadt.
63	Löhren	Oberlehrer Dr.	Frankfurt.
64	Mann	stud. theol. et phil.	Frankfurt.
65	Marcks	Universitätsprofessor Dr.	Leipzig.
66	Matzat	Direktor d. Landwirtschaftsschule	Weilburg a. d. L.
67	Meister	Privatdozent Dr.	Bonn.
68	Meyer	Universitätsprofessor Dr.	Halle a. d S.
69	Müffling, Frh. v.	Polizeipräsident	Frankfurt.
70	Nathusius, v.	Bibliothekar Dr.	Frankfurt.
71	Neumann	Privatdozent Dr.	Heidelberg.
72	Ockel	stud. phil.	München.
73	Oelsner	Gymnasialprofessor Dr.	Frankfurt.
74	Otto	Gymnasiallehrer Dr.	Darmstadt.
75	Oven, v.	Senator und Stadtrat Dr.	Frankfurt.
76	Pallmann	Privatgelehrter Dr.	Frankfurt.
77	Peter	Professor Dr.	Berlin.
78	Pirenne	Professor	Gent.
79	Prutz	Universitätsprofessor Dr.	Königsberg.
80	Quidde	Professor Dr.	München.

Nr.	Name	Titel und Stellung	Wohnort
81	Quilling	Wissenschaftl. Hilfsarbeiter b. Stadtbibliothek Dr.	Frankfurt.
82	Reimer	Archivrat Dr.	Marburg.
83	Reinhardt	Gymnasialdirektor Dr.	Frankfurt.
84	Riggauer	Professor Dr.	München.
85	Roeschen	Oberlehrer Dr.	Laubach.
86	Roese	Professor Dr.	Frankfurt.
87	Sackur	Privatdozent Dr.	Straßburg i. E.
88	Sander	Dr.	Berlin.
89	Schmidt	Privatdozent Dr.	Zürich.
90	Schnapper-Arndt	Privatgelehrter Dr.	Heidelberg.
91	Schultze	Bibliothekar Dr.	Halle a. d. S.
92	Schwemer	Oberlehrer Dr.	Frankfurt.
93	Sieveking	Dr.	Leipzig.
94	Sommerlad	Privatdozent Dr.	Halle a. d. S.
95	Spannagel	Privatdozent Dr.	Berlin.
96	Spiro	Reallehrer	Dürkheim.
97	Stälin	Geh. Archivrat Dr.	Stuttgart.
98	Stern	Hochschulprofessor Dr.	Zürich.
99	Steubing	Oberlehrer Dr.	St. Goarshausen
100	Stieda	Universitätsprofessor Dr.	Rostock.
101	Stieve	Hochschulprofessor Dr.	München.
102	Stülpnagel, v.	Gen.-Leut. u. Stadtkommand.	Frankfurt.
103	Thomaschky	Dr.	Berlin.
104	Tille	Privatgelehrter Dr.	Leipzig.
105	Traut	Wissenschaftl. Hilfsarbeiter b. Stadtbibliothek Dr.	Frankfurt.
106	Ulmann	Universitätsprofessor Dr.	Greifswald.
107	Vogt	Gymnasialprofessor Dr.	Augsburg.
108	Verlohren	cand. phil.	Leipzig.
109	Wackermann	Gymnasialprofessor	Hanau.
110	Warschauer	Archivar Dr.	Posen.
111	Weber	Dr.	Stuttg.-Degerloch.
112	Weber	Professor Dr.	Prag.
113	Wehrmann	Oberlehrer Dr.	Stettin.
114	Wetzer, v.	General-Major, Direktor d. k. u. k. Kriegsarchivs	Wien.
115	Will	Archivrat Dr.	Regensburg.
116	Wolff	Oberlehrer	Berlin.
117	Wolff, G.	Gymnasialprofessor Dr.	Frankfurt.
118	Wolfram	Dr.	Nürnberg.
119	Zwiebineck-Südenhorst, von	Universitätsprofessor Dr.	Graz.

Printed by Libri Plureos GmbH
in Hamburg, Germany